LES AMOURS
DE ZOROAS
ET DE PANCHARIS.

TOME SECOND.

SE VEND A PARIS,

Chez
{
Patris et Gilbert, libraires, quai Malaquais, n° 2, près la r. de Seine.
Fuchs, libraire, hôtel de Cluny, rue des Mathurins.
Levrault, quai Malaquais, au coin de la rue des Petits-Augustins.
}

Viens donc, mon bien aimé ; viens apporter a mon coeur ému le calme qu'il attend.

L'ATTENTE, Pag. 175.

LES AMOURS DE ZOROAS ET DE PANCHARIS,

POÈME ÉROTIQUE ET DIDACTIQUE,

OU

VEILLÉES D'UN HOMME DE LOISIR

Sur le culte de Cythérée, pratiqué autrefois à Milet, et telles qu'un Initié du temple d'Amathonte les a soustraites et publiées à Athènes, ornées de plusieurs morceaux relatifs à la génération, la germination et autres fonctions intéressantes, tant chez les animaux que chez les végétaux.

Ouvrage traduit sur la seconde édition de l'original latin, et enrichi de notes critiques, historiques et philosophiques,

PAR UN AMATEUR DE L'ANTIQUITÉ.

Sæpe decem vitiis instructior odit et horret.
Hor. Epist. v. 25.

A PARIS,

De l'Imprimerie de C. F. PATRIS, rue de la Colombe, en la Cité, N° 4.

An X — 1802.

LES AMOURS
DE ZOROAS
ET DE PANCHARIS.

LE MARIAGE.

Attiré par le sourire de Flore (1), je me sens entraîné dans un autre domaine de la nature. Oui, belle déesse, en quelque lieu que tu me mènes, soit dans les agréables bosquets de Tempé (2), au milieu des rosiers de Paphos, ou dans les riantes prairies arrosées par la fontaine d'Acidalie, je te suivrai; quand même ton époux, toujours ardent, te chercherait pour t'avouer, dans son ivresse, le feu qui le consume, je n'en serai pas moins empressé à me tenir près de toi, dans le dessein où je suis de divulguer les mystères de ta couche et même les moindres jeux qui devancent tes jouissances. Ainsi, Pancharis, pendant que nous sommes seuls en ce bosquet fleuri, je vais te faire connaître les ruses de cette déesse qui prévoit tout, et tu apprendras d'elles à donner plus de charmes à nos feux. O rosiers odorants ! exhalez sur ces entrefaites vos délicieux parfums ; que chaque fleur printanière laisse échapper ses plus suaves émanations, et qu'ainsi mes paroles s'ouvrent un chemin favorable, exprimées par les plus doux accents ; afin qu'agréables autant qu'elles peuvent l'être, elles méritent quelque croyance.

Toute plante prend naissance d'une semence qui se gonfle aussitôt que la chaleur agit en elle et qu'une humidité suffisante la pénètre. Le germe caché, mis dès lors en liberté, vient bientôt puiser dans l'air une nouvelle vie, dès que les lobes qui le tenaient captif, se sont écartés l'un de l'autre. Pendant que la radicule pompe intérieurement de nouveaux sucs, la plumule s'élevant en tige, tire alors d'eux tout son accroissement. Les cotylédons lui apportent une eau qui, par la moindre chaleur, va bientôt s'épaissir comme de la glu, et à mesure que l'embryon en reçoit sa force et sa nourriture, ceux-ci se convertissent insensiblement en feuilles seminales qui se distinguent par leur verdure. O mon amie! toi, le plus digne objet des regards de Flore, conserve ces jeunes pousses, elles élaborent en elles l'aliment du germe. Ah! prends bien garde qu'une main téméraire ne sépare de sa tige ces premières feuilles : si ce malheur lui arrivait, ne l'attends plus à voir la plante parée de son brillant feuillage. Cachée sous cette première foliaison, qui lui fournit un lait bienfaisant, la plante se forme insensiblement par l'abord de nouveaux sucs que les vaisseaux lui élaborent. Riche alors des influences d'une vie nouvelle, elle s'élève et s'épanouit dans l'air à mesure que la moëlle se revêt d'écorce. Les feuilles premières se desséchant, d'autres leur succèdent, qui remplissent des fonctions particulières. La chaleur croissant toujours, la suction de la racine augmente en proportion ; l'humeur nourricière abordant à la tige, et s'y coagulant, celle-ci n'en prend que plus de force. Un faisceau de fibres récemment formé sépare bientôt la moëlle de l'écorce encore tendre, et donne au tout une certaine consistance. Ainsi se développe la première couche ligneuse sous laquelle paraît le bourgeon, qui insensiblement se convertira en feuilles nouvelles. Au retour du printemps, un mucilage plus épais et plus abondant se transforme en fibres, qui, devenues plus denses, donnent des spires, et contournées forment des cylindres ; et de là dérive la diversité des vaisseaux dans l'organisation végétale. Ce travail de la plante recommence tous les ans : ainsi, à chaque printemps, renaissent des faisceaux qui doivent se convertir en couches nouvelles. Insensiblement l'écorce acquiert plus de dureté ; et la racine répandant ses bras chevelus sous terre, à mesure que de nombreux bourgeons s'épanouissent de toutes parts au retour de la saison chérie de Flore, à mesure aussi le tronc étend ses rameaux déjà verdoyants, et les abandonne à l'haleine du zéphyr, qui doit leur donner du mouvement. Déjà la plante est parvenue à l'époque de la puberté, âge où elle doit céder au pouvoir de l'Amour. C'est alors que l'Hymen (3) s'approchant, elle offre tout l'éclat d'une nouvelle parure. L'Amour unit les plantes ; ainsi ce dieu puissant établit son empire dans les champs et les bois dès que les fleurs printanières commencent à s'entr'ouvrir. Le chêne majestueux qui balance sa tête altière dans les airs, les mousses qui, tapissant le sol qu'ombragent ses branches verdoyantes, y fructifient çà et là, et toutes les espèces qui leur sont intermédiaires connaissent les doux liens du mariage ; ils ont leurs amants et amantes, qui brûlent de feux réciproques. O Napées ! ouvrez-moi la profondeur de vos forêts ; Naïades, accordez-moi un libre chemin vers vous ! Et vous, qui affectionnez les plantes d'où le séjour du souverain des dieux tire son plus bel ornement, ô Néréides, qu'il me soit permis de pénétrer dans vos limpides demeures ! Comme de toutes parts il est une récolte à faire, pour m'en faciliter les moyens, ouvrez-moi ces routes qui sont inconnues au vulgaire. Les contemplateurs de la nature donnent le nom de fleurs à toutes ces richesses du printemps qui sont d'une couleur, d'une odeur et d'une forme si différentes. Ornement de cette agréable saison, elles deviennent autant de lits de plaisir aux époux qu'elles soutiennent, quand le moment desiré de la jouissance est venu. La fleur, avant de s'épanouir, est ordinairement enveloppée dans son calice ; mais celui-ci se rompant, bientôt paraît un autre feuillage, que les anciens ont nommé corolle. Celui-ci est le pro-

duit d'un travail qui se fait en faveur de
Flore, à la parure de laquelle ce feuillage
doit plus ou moins contribuer. La belle
Iris, en laissant échapper quelques larmes
du haut du nuage d'or d'où elle sort, se
plaît à y mélanger les couleurs variées
dont il brille; et Phébus, par sa douce
chaleur, modifie le parfum que chacun
exhale. C'est alors que la fleur est dans
tout son éclat; son vêtement, encore
moite de la rosée qu'elle vient de recevoir, est recouvert d'un léger duvet qui
lui donne cette fraîcheur et ce lustre
dont avec raison elle est si glorieuse. Ah !
comme la nature sourit ici avec cette
pompe qui établit tous ses droits à la reconnaissance du philosophe ! Mais la
corolle a aussi ses fonctions à remplir
dans la reproduction : elle doit épurer
la rosée nourricière qui se porte aux
étamines. Le liber la lui fournit pour
la travailler convenablement, et amélio-
rer d'avance le suc qui se porte aux anthères. Si, de dessein prémédité, on

coupe celles-ci, les pétales se multiplient au-delà de ce qu'on aurait pu croire, et la variété de couleur s'unit avec le nombre des feuilles pour récréer la vue. La fleur s'offre alors avec toute sa magnificence ; mais, ne pouvant connaître les douceurs de l'Hymen, elle déplore l'inutilité de ses amours : tel est le sort malheureux de la rose, de la tulipe, du pied-d'alouette, du souci, de la narcisse, de la violette et de la suave géroflée. Ainsi, pendant que les principes de développement abordent aux pétales et qu'ils s'y fixent pour aviver les couleurs, les étamines dégénèrent, et le germe ne recevant plus aucune nourriture, périt avant l'époque de sa naissance. Ce sont cependant ces monstres de nature que Flore préfère à tous les sujets de son empire. Ces eunuques ont toute sa tendresse ; elle va même jusqu'à leur faire partager les honneurs de sa couche, quand, en relevant ses charmes, elle cherche à rendre plus efficaces les feux languissants de son époux. C'est avec raison qu'on regarde l'étamine de la fleur comme l'organe du mâle. Les botanistes nomment *pollen* la poussière fécondante qu'elle contient (4) : celle-ci, renfermée dans une vésicule, doit, en son temps, se porter au lieu où est caché l'embryon. Elle reçoit sa puissance de l'esprit subtil qui lui est mêlé, et la communique au fond de la fleur, à l'embryon qui s'y trouve caché. Nos prédécesseurs ont désigné sous le nom de pistil tout ce qui fait fonction des organes de la mère dans la reproduction. Les modernes lui rapportent le stigmate, le stile et le germe, lesquels constituent une suite de conduits qui s'ouvrent par un seul orifice supérieur. Ils ont cru que le germe tenait lieu de matrice, vu que l'embryon y reste à l'abri pendant tout le temps de sa formation, et qu'il y puise l'aliment nécessaire à son accroissement jusqu'à ce que les provisions vienent à lui manquer. Je publierai actuellement ces soins admirables que l'auteur de la nature, qui a tout créé, prend pour que chaque espèce persiste la même dans sa reproduction. Ruisseau, cesse, je te prie, ton doux murmure; et toi, guêpe importune, suspends le mouvement plaintif de tes aîles; je vais toucher une matière de la plus grande importance, que nos neveux mêmes ne trouveront point indigne de leur attention, tant qu'à la campagne les fleurs trouveront des personnes éprises de la variété de leurs charmes. Vois sur ce gazon cette pensée si agréable par ses trois couleurs : tout récemment encore elle était insensible au doux jeu d'amour ; maintenant elle entr'ouvre son stigmate, voyant que ses cinq maris s'apprêtent à lui lancer leur poussière prolifère. A peine aura-t-elle reçu cette influence fécondante, qu'une humeur visqueuse doit lui retenir, que son orifice prendra une couleur plus brillante. Combien est grande la passion qui consume la gratiole ! son stigmate,

toujours ouvert comme la gueule d'un
dragon, n'attend que l'émission de la
poussière fécondante. Lui est-elle parvenue ; aussitôt, rassasiée de volupté,
elle ferme l'accès à toute autre. Écoute
les prodiges que t'offre la nielle des
champs, lorsque sa fleur s'épanouissant,
elle se présente dans toute sa fraîcheur :
bientôt l'Hymen l'appèle aux douceurs
d'amour; mais comme l'étamine est trop
haute, le pistil se relâche, s'alonge, lui
devient ainsi supérieur ; et chaque stile
se balançant vers leurs maris inférieurs,
ils en reçoivent l'émission qu'ils demandent. Déjà ils se relèvent tout glorieux
de la nouvelle influence qui a pénétré
leurs stigmates (5). Bien plus ; tu verras
souvent l'étamine être amoureusement
étreinte par le pistil, pour que rien de
la puissance fécondante ne soit perdu.
Ainsi, dans quelques sécuridacés (6), le
godet de la corolle couvre les pistils qui
sont contournés vers le bas. Les étamines
restent ainsi cachées lorsqu'elles doivent

fournir leur émission, l'étendart préservant alors celle-ci des effets fâcheux de la pluie, et lui rendant plus libre le chemin qu'elle doit parcourir. Toute cette doctrine est confirmée dans les espèces que nous offre la monoëcie, classe de plantes nombreuses, où l'on trouve une réunion de chaque sexe sur un même pied (7). La dioëcie (8) contient des peuplades différentes, dont chaque sexe habite dans des demeures particulières; mais, soit que les individus vivent sur un même tronc, ou qu'ils restent isolés dans des lieux éloignés, les germes ne périssent pas pour cela. Ainsi le maïs a sa faculté séminale au haut de sa tige, et la femelle, qui est au-dessous de lui, la lui soutire à l'époque de la fécondation. Le bouleau, le saule, fleurissent et exhalent leur odeur spermatique avant que leur tronc soit orné de leur mobile feuillage; pour que, s'il m'est permis de scruter les raisons de la nature, le développement des feuilles ne puisse op-

poser aucun obstacle à la fécondation qui
doit s'opérer. Combien de fleurs çà et là
s'épanouissent au lever du soleil, qui,
aux approches de la nuit, referment
leurs corolles pour que le pollen n'é-
prouve aucune atteinte de l'air ou des
brouillards de la nuit, et que, trop épais
alors, il ne puisse parvenir au stigmate
et se faire jour par son conduit ! Toute
action cesse du moment que la vapeur
fécondante est parvenue au lieu où l'embryon l'attendait. Tu t'étonnes, Pancharis, en entendant le récit de ces merveilles ; mais je vais te dire des choses
encore plus surprenantes, et que pourrait même tourner en ridicule l'ignorant
vulgaire. Les cultivateurs, en Arabie,
ayant coupé d'un dattier mâle en fleurs,
des branches toutes chargées d'une poussière prolifère, ils les sèment sur un
arbre femelle de même espèce, ou seulement ils se contentent de les tenir près
de lui : par ce simple moyen, le principe de la vie, caché dans l'embryon, se

réveille, et les rameaux du tronc femelle, devenus mères, portent chacun leur fruit. Si les deux sexes sont éloignés, le mâle abandonne ses principes de fécondation au vent, qui ne tarde point à les porter dans le sein de l'épouse, où ils doivent se fixer. Ce confident ne trompe point l'espoir de l'amant; et sa fidèle compagne, répondant à l'ardeur de son bien-aimé, se dispose à lui donner une lignée qui lui ressemble. Surpris de ces prodiges, les poètes, à l'envi, chantèrent Zéphyr comme étant l'époux de Flore, en ce que, par son souffle seulement, il féconde une compagne qui lui fut toujours chère. Il est parmi les hydrocharides (9) une espèce qui, dans la saison où l'Amour allume de nouveaux feux chez tous les êtres, offre des phénomènes aussi surprenants pour le vulgaire que pour le philosophe, tant son mode de reproduction a d'analogie avec le nôtre. Cette plante, de la classe des dioïques, a son domicile sous les eaux, dans les endroits les plus profonds des étangs. Les fleurs femelles, lorsque l'époque de la reproduction est proche, se développent, et leurs tiges s'allongeant insensiblement, elles arrivent à la surface des eaux, où chacune alors cherche l'amant qui lui convient. Sur ces entrefaites, le spathe des fleurs mâles s'entr'ouvrant, les individus qui sont fort lascifs, jouissant de toute leur liberté, vont et vienent à l'entour, et entraînent à leur suite chaque femelle, qui brûle pour eux d'une nouvelle ardeur; et portant leur pouvoir même sur celles qui sont les plus pudiques, ils appèlent à la vie les embryons encore cachés en elles. La fécondation une fois opérée, la fleur se replonge dans l'eau à mesure que son pédicule est tiré vers le lieu d'où il s'était élevé. Une nouvelle force s'insinuant dans toutes les parties de l'embryon et y entretenant une vie particulière, il croît sous l'eau à mesure qu'il y trouve sa nourriture. C'est communément la nuit que l'amante attend le favori qui doit partager sa tendresse : osant tout dans l'obscurité, son empressement à le rendre heureux n'éprouve aucun obstacle. Les plantes, au contraire, préfèrent le jour pour répondre à leurs ardeurs réciproques, et leurs transports commencent dès que les vallées rougissent des premiers rayons de l'Aurore. Les oiseaux, par leur chant, excitent leurs desirs, et appèlent à son devoir tout amant qui s'oublie dans le repos. Plusieurs ne cherchent des liaisons que lorsque le soleil est à son plus haut point d'élévation, et l'union qu'elles ont contractée cesse dès que la nuit commence à étendre son voile sur l'horizon. Mais la fleur perd bientôt son éclat dès que les étamines, ayant fécondé le germe, n'ont plus aucune fonction à remplir : alors tous les sucs qui se portaient aux pétales arrivant à l'œuf, ils y développent les semences. Le fruit participe à ce développement; il mûrit et porte des graines qui se trouvent chacunes attachées par leur ombilic, et cachées dans des cloisons, et quelquefois dans des cellules particulières, préservées de tous côtés par leur périsperme. Cette ébauche sur l'organisation des plantes prouve assez qu'elles peuvent vivre par leurs propres moyens, comme les animaux; mais il est encore d'autres faits inconnus au commun des hommes, et que pourront difficilement croire ceux qui étudient sans une grande attention. Ainsi que nous aspirons à chaque instant l'air qui se porte dans nos poumons dilatés, de même les plantes, par une disposition analogue, reçoivent ce fluide. Il est des spiracules qu'on peut voir en retournant la surface des feuilles, et c'est par eux que pénètre un principe éthéré pour se porter plus avant. C'est à ce principe qu'il faut rapporter l'amélioration de la vie et la circulation plus facile des liqueurs de tout genre, lorsque le soleil, par sa douce chaleur, leur ouvre les routes à par-

Tom. II.

courir, anime tous les rameaux, et jusqu'aux feuilles, qui alors aspirant plus facilement, font que la plante jouit d'un tout autre éclat. Il est également sur la surface supérieure des feuilles beaucoup de pores qu'on ne peut voir qu'à la loupe (10) : ils sont répandus çà et là, et rendent les excrétions que le végétal forme, et qui pourraient lui nuire par leur corruption. Le mouvement est partout, on l'observe dans tout l'univers; les plantes n'en sont point également dépourvues : beaucoup meuvent leurs feuilles à l'aspect du soleil dès qu'il paraît à l'horizon, les développent et les reployent ensuite alternativement ; mais, soit que cet astre parcoure notre hémisphère ou qu'il porte sa lumière vers d'autres climats, la vie n'en est pas moins entretenue par des mouvements intérieurs qui varient selon la diversité des espèces (11). Hélas ! pourquoi les Heures rapides, qui chassent au-devant d'elles le Temps, ne me permettent-elles pas d'entrer dans tous les détails que demande cette matière? je ne me tairais pas alors sur beaucoup de choses dignes de remarque relativement à la faculté qu'ont les racines de chercher leur nourriture de tout côté ; mais comme il faut mettre fin à cette belle doctrine, je m'arrêterai seulement sur la dernière époque de la vie accordée à tout végétal. Il est une loi, que tout ce qui a eu naissance doit périr ; cette loi s'étend également aux plantes, qui ont aussi leur vieillesse. Aux approches de celle-ci, leur tige s'endurcit, se fendille au-dedans. Chez les espèces de nature ligneuse, les canaux se desséchant, la moelle meurt, les racines maigrissent; et tous les vaisseaux qui composaient le végétal se pourrissant, l'air pénètre l'intérieur de leur fabrique, et enlève aux fibres les éléments de leur solidité. Il désourdit les parties dures; et, résolvant les aqueuses, il détruit tout ce qui avant offrait quelque résistance. Ainsi, d'après les lois générales de la nature, les plantes éprouvent les détériorations que la vieillesse leur amène; et chaque espèce, en mourant, fait place à une nouvelle, prête à remplacer celle qui s'éteint, et dont par la suite les destinées seront les mêmes. Tu peux voir, Pancharis, d'après ce précis des opérations de la nature, combien est répandu l'organisme de la vie. C'est lui qui entretient le mouvement; celui-ci, à son tour, en produit le mode : on pourrait donc le regarder comme l'auteur de toute action dans l'univers. Nous connaissons les effets ou phénomènes; mais les causes et les ressorts nous restent cachés; tant est épais le voile qui, dans ce champ, couvre les choses secrètes que nous cherchons à connaître.

---

(1) Jeune nymphe qu'on dit avoir fait sa demeure dans les isles Fortunées : les Grecs l'appelaient Chloris. Zéphyr l'aima, la ravit, en fit son épouse, et lui donna pour domaine l'empire

des fleurs. Au dire de Pline, Praxitèle la jugea digne de son ciseau. Il ne faut point confondre celle-ci avec la Flore des Romains, courtisane si achalandée, qu'elle leur laissa à sa mort de grandes richesses, dont elle les fit héritiers. Aussi, par reconnaissance, la regardèrent-ils comme une déesse; et par les jeux floraux qu'ils instituèrent en son honneur, ils lui rendirent un culte digne de la profession de leur bienfaitrice.

(2) La plupart des anciens poètes ont cité la vallée de Tempé; mais aucun n'en a donné une notion si détaillée qu'Elien. C'est un lieu, dit-il, qui se trouve entre les monts Ossa et Olympe, au milieu duquel coule le Pénée, où se rendent plusieurs petits fleuves. Dans ce séjour se trouvent plusieurs endroits délicieusement embellis par les mains de la nature. Le lierre y croît à foison, dru, et se mariant au tronc des arbres, il se continue fort haut sur eux. Un liseron toujours fleuri grimpe sur les inégalités des cavernes, et donne à leur entrée un pittoresque qui flatte l'œil. On y trouve des bosquets, des grottes, où l'été le voyageur se repose des fatigues de sa route; de nombreux ruisseaux, des fontaines les plus fraîches s'offrent à lui pour le désaltérer.

Les oiseaux à mélodieux gosier font retentir çà et là les échos de leurs concerts variés. Au milieu de la vallée s'avance lentement le Pénée, dont la surface, aussi unie que le crystal poli, est ombragée par les arbres voisins, qui écartent de son lit les rayons d'un soleil trop chaud. C'est là qu'au milieu des charmes de la belle nature, les habitants, tous amis, marient leurs voix aux accents de leurs lyres en l'honneur d'Apollon, pour qui ils brûlent l'encens le plus pur; en ressouvenir du jour où, par ordre de Jupiter, ce dieu vint se purifier dans le fleuve après qu'il eut tué le serpent Python.

(3) C'est cette poussière de couleur jaune qu'on trouve dans les fleurs, notamment au haut de leurs filets, sur laquelle les anciens n'ont laissé aucune notion certaine. Grew est le premier qui l'étudia avec le microscope, en 1682; Malpighi reprit ce travail en 1686; Geoffroi en fit l'objet d'un mémoire qu'on trouve parmi ceux de l'académie des sciences de Paris, année 1711. Vaillant, en 1717, découvrit la manière dont les anthères s'ouvraient pour la laisser échapper; puis Jussieu, en 1747, observa comment elles faisaient explosion; enfin, on doit à Koëlreuter

et Hedwig les recherches qui ont jeté du jour
sur elle, par les notions qu'ils nous ont données
sur la structure des étamines ; mais quelqu'utiles
que soient leurs efforts, ils avorteraient s'ils
n'excitaient pas l'émulation d'autres qui nous
fassent connaître comment cette poussière se
développe, comment se prépare le principe fé-
condant qu'elle recèle, et comment ce même
principe agit sur le pistil et sur le germe.

(4) L'hymen, selon le langage anatomique,
est une barrière bien fragile, qui, mise par la
nature à l'endroit où les hommes ont placé la
Pudeur chez le sexe, préserve, autant qu'il est
possible, cette déesse des atteintes que l'audace
pourrait lui porter dans son propre domaine.
Si les Egyptiens ont fait un dieu de l'explosion
des flatuosités qui les tourmentaient dans leurs
coliques, il ne sera plus étonnant que les Grecs
ayent élevé des autels à l'être qu'ils aimaient
comme nous à trouver chez leurs fiancées, et
dont ils attendaient les plus grandes faveurs la
première nuit de leurs noces. Mais comme une
membrane semi-lunaire n'offrait pas par elle-
même rien de bien imposant pour exciter le
public au culte de la divinité, et qu'il faut en ce

genre au troupeau humain un objet qui alimente
la grossièreté de ses sens, les poëtes, les peintres
et les sculpteurs, animés d'un même zèle, travail-
lèrent tant sur la chétive production de la nature,
qu'il en résulta un beau jeune homme à cheveux
blonds, couronné de roses, auxquelles ils se sont
bien gardés de laisser voir les épines, portant un
flambeau, ayant un vêtement blanc chargé de
fleurs, et un arrosoir en main, sans doute pour
marquer ce qu'on doit faire dans les liens conju-
gaux. Catulle l'a chaussé d'un brodequin jaune,
couleur qui depuis, parmi nous, a passé pour
celle qui convient le plus aux maris. Enfin, le
dieu parut si beau, que Sapho dans ses vers fut la
première à l'accoler à l'Amour, ce qui fit le meilleur effet en poésie comme en peinture. Mais,
par une fatalité qui n'est que trop ordinaire dans
les choses d'ici-bas, ce qui allait si bien sur le
papier ou sur la toile, alla fort mal quand on
eut formé la liaison au réel. L'Amour, plus
joyeux et plus rusé, ne pouvant sympathiser
avec son compagnon, dont le caractère har-
gneux lui était à charge, prit le parti de l'abandonner pour porter sa gaîté ailleurs. Depuis,
l'on a toujours conservé l'allégorie pour tout lien
contracté légalement dans les ménages, et on

l'a transporté jusque dans le règne végétal, ainsi qu'on le verra en lisant le texte.

(5) Tous ces admirables mouvements ont lieu d'une manière différente, selon les espèces, dans la salicaire, la fritillaire, la ketmie, la rhue. Voyez à cet égard le mémoire de Desfontaines sur l'irritablilité des plantes. *Académie des Sc.*, *ann.* 1782.

(6) Classe des plantes légumineuses, où l'on trouve l'acacia, le tamarinier, le genêt, l'ébènier des jardiniers, et beaucoup de coronilles.

(7) On en a l'exemple dans le concombre, le melon, le buis, le chêne, la masse d'eau, le bouleau, le sapin, etc.

(8) Dans les plantes que renferme cette classe, les fleurs mâles et les fleurs femelles sont séparées, et sur des individus différents; c'est-à-dire qu'un individu porte des fleurs mâles, et un autre des fleurs femelles; ainsi qu'il a lieu sur le peuplier, le saule, l'épinard, la mercuriale, le houblon, le chanvre, etc.

(9). On désigne ainsi une famille de plantes dont les individus vivent au fond des eaux : on pourrait, d'après l'étymologie, les nommer nymphes des eaux; tels sont l'algue des rivières, les conferves, la cornifle, le potamogéton et autres, notamment la valisneria, qui croît en Italie, en France dans le Rhône, et à qui se rapporte tout ce qui est dit dans le texte.

(10) Nous doutons que la loupe ait été connue des anciens; nous pourrions même assurer qu'elle est d'un temps bien postérieur à celui où vivait le héros du poème, et voici à ce sujet ce que nous a conservé l'histoire. Un jour Hartsoëker ayant présenté sans dessein un fil de verre à la flamme d'une lampe, il vit que le bout de ce fil s'arrondissait. Sachant déjà qu'un globe de verre qui contenait de l'eau grossissait les objets placés à son foyer, il prit la petite boule détachée du fil, et la disposa de manière à en faire un microscope, lequel, essayé d'abord sur un cheveu, devint l'origine de tout ce que ce célèbre physicien nous développa sur la nature cachée des corps, qui furent l'objet de toutes ses recherches.

(11) Les phénomènes de ces divers mouvements, observés à différents temps du jour, ont donné lieu à Linnée d'en faire une Horloge de Flore, *Horarium Floræ*. Ainsi l'on voit le tournesol et beaucoup d'autres suivre le cours du soleil, les folioles de l'*hedrysarum gyrans* être dans un mouvement continuel, qui ne tient en rien à l'action du soleil, ou de l'attouchement des corps voisins. En considérant tous ces phénomènes, et revenant sur plusieurs, exposés dans ce morceau, on pourrait regarder comme recevable l'opinion d'Anaxagore, qui prétendait que les plantes avaient une ame, et qu'elles étaient filles du Soleil et de la Terre. Empédocle, qui s'écartait peu de la manière de voir de notre philosophe sur ce point, disait que si ces ornements de la nature offraient quelques indices d'animalité, la cause en était de ce que, naissant mâles et femelles, elles avaient une puissance génératrice qui les assimilait aux animaux. Que n'aurait-il pas dit encore pour donner du poids à son opinion, s'il eût connu toutes les découvertes de nos savants modernes sur ce point !

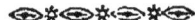

LE SONGE.

Quelle éloquence, Zoroas, et quelle abondance dans tes récits, lorsque tu y développes les secrets mystères de la nature! D'où te vient cette belle doctrine dont tu m'as récemment fait part? Où as-tu puisé tous ces germes de connaissances, qui, ignorées du commun des hommes, n'en viendront pas moins pour leur bonheur à leur plein développement, quand ils seront admis chez ceux qui sont susceptibles d'instruction? Quand tu me manifestes avec tant de zèle ces moyens qui, animant les ressorts organiques, donnent une force secrète à leur ensemble, je me sens forcée à tout voir par moi-même pour récolter la moisson que m'offre un aussi vaste champ. Que ces leçons, dont je sens actuellement tout le prix, me disposent à ne rien laisser échapper, et tu

verras combien germera promptement
le grain que tu auras semé en un aussi
bon terrain. Quoi ! toutes ces merveilles
s'opèrent dans l'univers, et continueront
encore à s'opérer avec une aussi éton-
nante régularité (1) ! O combien désormais la nature me paraîtra brillante, lorsque j'irai à la recherche de ces richesses
qu'elle recèle dans son sein ! Quelles que
puissent être les occupations auxquelles
je serai malgré moi livrée, ce que tu
viens de m'apprendre me reviendra souvent à la mémoire ; et ne voulant pas
être taxée d'avoir préféré des baga-
telles à des choses sérieuses, je ne souffrirai pas, avec d'aussi belles espérances,
que le fruit qui me peut revenir de cette
étude soit nul pour moi. Mais, puisque
nous sommes sur cette matière, je te demande un moment d'attention sur un récit qui, bien que tu le regarderas comme
fondé sur les illusions de la nuit, n'en est
pas moins en ma faveur. C'est un songe,
je l'avoue ; mais il est sorti par la porte

de corne, qui ne laisse point passer le mensonge (2). La nuit dernière, au milieu d'un sommeil qui rétablissait mon corps des fatigues du jour, Minerve aux beaux yeux d'azur, m'apparut sous les traits et la forme d'une jeune fille. Un lin léger voilait ses charmes; une robe couleur de pourpre (3) la couvrait jusqu'aux pieds, et, négligemment relevée sur le côté, elle laissait entrevoir son genou à nu: un nœud retenait en partie sa chevelure, dont plusieurs boucles flottaient encore sur ses brillantes épaules. Du moment que je l'apperçus, elle m'adressa la parole, me disant : «Quoi! resteras-tu toujours dans l'ignorance; et, t'abandonnant à l'erreur où elle pourra te conduire, souffriras-tu, ô ma fille! que les premiers temps de ta vie se passent dans une morne oisiveté? Prends courage; que Vénus ne soit point la seule qui reçoive tes hommages; et ne permets pas que le myrte ait une préférence marquée sur l'olivier. Toute semence qui n'est point jetée à temps dans un champ, avorte; et le germe alors ne donne que du chaume pour moisson. Ne méprise point un avis qui peut avoir son utilité, à moins que tu n'aimes mieux passer tes jours dans une triste indolence. Hélas! la vieillesse viendra, amenant avec elle tous les ennuis de la vie, et alors tu regretteras de n'avoir pas mieux nourri ton esprit. La mère de l'Amour ne sourit à ses favoris que dans le printemps de l'âge, et c'est avec peine qu'elle voit le vieillard se ranger sous ses lois. Il n'en est point ainsi avec moi : toujours favorable à ceux qui suivent mon culte, je contribue à leur gloire et deviens leur consolation dans le malheur. Reviens donc à toi; éloigne toute indifférence, et que mes droits ne soient point sans valeur. » Elle cessa de parler; puis, me faisant un signe de tête pour appuyer ce qu'elle venait de me dire (4), elle disparut dans les airs, manifestant par son éclat le sang divin qui lui donna naissance. Zoroas, je ne me laisse ni ne me laisserai jamais entraîner par les illusions d'un songe, et de vains fantômes ne pourront ainsi contribuer à mon malheur ; mais, que je dorme ou que je veille, je ne m'en arrêterai pas moins à ce qui m'annoncera un avenir plus prospère. Ainsi, que dorénavant le culte de Minerve aille de pair avec celui de Vénus, et que pour nous il n'y ait aucune différence.

———

(1) « La terre, dit Juste-Lipse dans son Traité de la Constance, est en quelque sorte la rivale du ciel ; et comme on ne peut contempler le firmament sans éprouver de pieuses émotions, de même on ne saurait considérer les richesses de la terre sans être pénétré d'un doux sentiment de plaisir. Interrogez votre ame, et elle vous dira qu'elle n'est pas seulement attirée, mais encore qu'elle est nourrie par la vue de toutes les merveilles dont alors elle a la perception. Consultez vos sens, et chacun vous confessera

qu'un charme irrésistible les attache auprès de cette fleur qui va éclore au moment de l'ouverture de son calice; vous éprouverez ce que peuvent sur vos yeux l'or de ces soucis, l'ivoire de ces lis, et toutes ces nuances délicates de couleurs si fines et si belles que nul pinceau n'a jamais pu rendre. Eh ! pourquoi alors serait-on surpris de ce que les anciens poètes ayent dit que les fleurs étaient nées de la substance des dieux ? Quel autre sang que celui de Vénus aurait pu colorer la rose ? Je vous salue donc, ô séjour des Graces ! aimable retraite où se trouve le véritable repos qu'on puisse goûter dans cette vie passagère ! Qu'il me soit donné, jusqu'à mon heure dernière, de respirer sous vos ombrages, loin des agitations humaines, n'ayant nulle connaissance des grands et vains projets qu'enfantent ces ambitieux qui se font un jeu de compromettre le sort des nations, en appelant les guerres civiles sur elles. »

(2) Le pourpre est une couleur qu'on doit à un coquillage univalve, en volute et operculé, de la classe du *murex*. C'est sur les côtés du collier de l'animal qu'est le réservoir de cette liqueur précieuse dont on doit la découverte au

hasard; et voici à ce sujet la manière dont s'exprime Pollux dans son *Onomastique:* « Les Tyriens disent qu'Hercule devint amoureux de la belle Tyro, nymphe de leur pays. Pendant que ce héros était occupé à conter son martyre à sa belle, son chien, qui par-tout suivait son maître, appercevant le coquillage qui gravissait le long d'un rocher, courut dessus, et prit à belles dents le peu de chair qui sortait de la coquille, et la mangea. Etant retourné vers Tyro, le museau tout coloré, la nymphe, à qui cette nouvelle couleur plut, déclara à Hercule qu'il n'aurait rien d'elle s'il ne lui donnait une tunique aussi vermeille que le museau de son chien, sur quoi le fils d'Alcmène se mit à la recherche du coquillage : il en prit le sang, qu'il apporta à sa belle, et ainsi il devint l'inventeur de la teinture en pourpre. On en teignit sa tunique par des procédés qu'on peut voir dans Pline. »

(3) Cette fiction relative à la manière dont les songes nous arrivent, est due à Homère, qui dit dans son Odyssée, livre dix-neuvième : « Il est deux portes pour les songes; l'une est faite d'ivoire, et l'autre de corne : ceux qui nous viènent par la porte d'ivoire nous trompent en ne nous

présentant que des objets d'illusions; ceux qui sortent par la porte de corne, ne nous amènent que la vérité. » Virgile, dans son sixième livre de l'Énéide, a imité ce passage, qu'on retrouve sous une autre forme dans Lucien et autres auteurs grecs. Ainsi Homère est à juste titre regardé comme la source où tous ses successeurs ont puisé leurs richesses. Pénétré de cette vérité, Galaton peignit autrefois ce père de la belle poésie au moment où il vomissait, et les autres poètes qui vinrent après lui, humant tout ce qui était le produit de son indisposition. Si l'invention du sujet a quelque chose qui répugne, elle n'en a pas moins la vérité pour base.

(4) Callimaque, qui vivait sous Ptolomée-Philadelphe, dans la cent-vingt-septième olympiade, dit au sujet de ce passage, dans l'hymne intitulé les Bains de Pallas : « Minerve est la seule de ses filles à qui Jupiter ait communiqué les attributs qui distinguent son pouvoir. Ce n'est point dans les flancs d'une mère que cette déesse fut conçue, c'est dans la tête de Jupiter. Jamais un signe de la tête de Jupiter ne fut démenti; jamais un signe de la tête de Minerve ne sera sans effet ».

LE TRINE.

Pancharis, tu ne m'as donné que trois baisers dans la crainte du mal qu'un quatrième aurait pu me faire (1). Hélas! combien il s'en faut que ces trois éteignent l'ardeur qui me consume! J'en demande d'autres qui, promis comme ils me l'ont été, n'en excitent que plus mes desirs. Est-ce ainsi que tu établiras toujours des lois qui feront mon supplice? Quoi! ma flamme serait privée du moyen le plus propre à modérer sa violence!! Ah! quelle était mon erreur lorsque je fixais le nombre à trois, puisque ce nombre ne sert qu'à exciter en moi un feu trop semblable à celui qu'Hercule reçut de la tunique de Nessus. Je brûle, et je desire encore ce qui peut nourrir en moi l'ardeur qui me consume. Que celui qui chante le dieu de la treille vante le nom-

bre ternaire de ses faveurs, Vénus ne
tient point de compte avec ceux qu'elle
regarde d'un œil agréable. Comme l'abeille qui a une fois goûté le nectar que
recèle la fleur des champs, y accourt encore pour en savourer la douceur, de
même je revole à la coupe qui m'a déjà
versé le bonheur. Or donc, sois propice
à mes vœux, et accorde à mon tourment le remède propre à l'adoucir. Si,
lorsque tu arrives en suppliante aux autels
de Cythérée, tu n'offrais à cette déesse
que trois tourtereaux; si tu ne paraissais
qu'avec un égal nombre d'agneaux vers
le dieu à qui le Ménale est consacré; si
l'on n'immolait toujours que trois bœufs
au maître de la foudre aux trois dards;
enfin, si celui qui cherche à fléchir le
courroux de Pluton, ne lui sacrifiait que
trois hiboux, ne serait-ce pas avec raison que ces divinités défalqueraient quelque chose des faveurs qu'elles nous accordent? Quand naguères je cherchais, à
la dérobée, à te faire connaître les doux

sentiments que je te vouais, ne t'ai-je donné que trois guirlandes de roses pour preuve de ma tendresse ? Quand, au moment de jouir de tes charmes, tu mettais de nouveaux délais à mon ardeur, mes joues ne furent-elles humectées que de trois larmes ? Aujourd'hui, que l'Aurore s'élève à l'horison, ou que la Nuit se fasse route à travers la voûte étoilée de l'olympe, il n'est pour moi aucun repos. Ah ! que tes baisers soutiènent donc mon espoir, et qu'ils contribuent à diminuer le poids qui m'opprime. Vas, ne crains rien ; le vaisseau qui fend l'Egée n'imprime sur l'onde aucune trace de son passage ; ainsi le baiser qu'on a pris sur les lèvres d'une belle ne laisse après lui aucune marque qui puisse faire connaître le bonheur dont a joui l'amant qui en fut favorisé.

---

(1) Une crédulité qui date de loin et qui en matière de culte, comme en toute autre, se

continuera encore long-temps après nous, est celle relative au nombre de trois. Les payens le regardèrent autrefois comme agréable à la divinité qu'ils invoquaient; tel était Pythagore, qui croyait y trouver de sublimes mystères, dont il se vantait d'avoir la clef. Il appelait ce nombre l'harmonie parfaite, et il l'adopta dans toutes les épreuves par lesquelles il faisait passer ses disciples. Aussi, ne faut-il point s'étonner s'il est devenu le nombre chéri de tous les poètes qui ont décrit quelques usages, et s'il a passé jusqu'au chévrier qui, dans Théocrite, promet à Tyrcis de lui laisser traire trois fois sa plus belle chèvre, s'il chante aussi harmonieusement que lorsqu'il disputa la palme à Chromis. Depuis, le rituel magique prescrivit également, d'après ce nombre, les procédés de la divination et des augures. On trouve encore dans le plus auguste sacrifice chez les catholiques, plusieurs formules fondées sur ce nombre ternaire. Despagnet qui, dans ses rêveries alchymiques, donne une description du jardin des sages, y place à l'entrée sept sources : « Il faut, dit-il, faire boire le dragon par le nombre magique de trois fois sept, et l'on y cherchera ensuite trois sortes de fleurs qu'il faut y trouver nécessairement pour réussir au grand-œuvre ».

LA CAMPAGNE.

Enfin le triste hiver, secouant sa roide chevelure, s'éloigne de nos climats, les autans ne sifflent plus dans la forêt, les glaces amoncelées ont cessé d'arrêter le cours des rivières, et l'herbe naissante des champs n'est plus blanchie par la gelée du matin. Çà et là les Zéphyrs folâtrent, soutenus sur leurs ailes humides, et par-tout où ils volent, les champs brillent d'un nouvel éclat. Ils portent aux roses la pourpre de leur parure, et aux chardons la couleur de rouille dont ils s'enorgueillissent. La plaine sourit toute resplendissante de sa tendre verdure. Déjà les troupeaux se déplaisent dans leurs étables, et le villageois au coin de son feu. Les habitants des airs manifestent leur joie par divers concerts, et la couleuvre, qui naguères était

sans mouvement sous l'herbe, reprend
sa marche sinueuse avec toute la bigar-
rure d'un nouveau vêtement. L'oiseau
de Trace (1) suspend aux poutres son nid
limoneux, et le tipule (2), pour ses petits, endurcit le sien au milieu des eaux,
qu'une douce chaleur attiédit. Le pasteur,
sous un rocher qui s'avance, commence
ses airs rustiques, pendant qu'en pais-
sant son troupeau bondit au loin sur les
côteaux. Un vent léger sillonne les ondes
obéissantes de la mer, dont la tranquillité appèle le nautonnier qui cherche à
se soustraire à la dure pauvreté. La terre
féconde ouvre son sein humecté aux germes qu'elle recèle, et, se revêtant d'une
nouvelle parure, elle nous promet les
plus utiles richesses. O Pancharis! quelle
heureuse saison pour celui qui habite les
vergers de Latmos; qui, loin du tumulte
de la ville, et n'ayant aucun intérêt sur
les fonds publics, cultive le champ de ses
pères avec les bœufs qu'ils lui ont laissés!
Le son éclatant de la trompette guerrière

ne l'appéle point sous les drapeaux de
Mars, ni l'amour du gain en des contrées
qui lui sont étrangères. Il ne craint pas les
menaces des flots et la fureur des vents.
Il évite le bruyant barreau et les pom-
peux palais des grands ; et jouissant à la
vue des nombreux esclaves qui font sa
richesse, il veille avec bonté à ce que
chacun remplisse son devoir. Ainsi, tantôt il marie à un saule voisin une vigne
docile, coupant de temps à autre les
rejetons gourmands, et tantôt il apprête
des liens d'osier aux scions qu'il a enfouis
dans la terre, dont il a humecté la surface. Souvent, en voyant errer ses bes-
tiaux au fond de la vallée, il s'occupe à
compter ceux qui doivent bientôt passer
au joug, et, rentrant dans sa maison, il
s'apprête à verser dans ses urnes le miel
qu'il a exprimé de ses gâteaux, ou à ton-
dre ses moutons, lorsque les chaleurs de
la canicule approchent. Combien sont
encore plus grands ses plaisirs, quand
l'automne paraissant avec toutes ses ri-

chesses, il récolte des grappes qui mûrissent pour lui sur la vigne, et les fruits succulents que lui donnent ses vergers et ses jardins ! O Priape ! et toi, dieu qu'on révère sur le mont Lycée (5), il vous en porte la primeur avec toute la joie d'un cœur reconnaissant. Il repose quand bon lui semble sur le bord d'une source qui lui offre le frais, pendant que le zéphyr, animant le feuillage d'un aulne voisin, en marie le sifflement au murmure de l'eau qui s'échappe. C'est alors que le vent du Midi lui amenant la plus douce température, les oiseaux le récréent par leur mélodieux concert. Ainsi il accorde à ses membres fatigués le délassement qu'ils demandent ; et souvent, quand la chaleur est trop grande, il se laisse aller aux douceurs d'un sommeil profond. Mais quand l'hiver arrive, que les champs sont couverts de frimas, et que la terre disparaît sous la neige épaisse qui la cache, alors, avec sa meute, il se met à la poursuite d'un sanglier, et le force dans les filets qu'il a récemment tendus. Il dispose des piéges aux étourneaux, à la grue ou au lièvre timide, occupations qui, les jours de fêtes, sont autant de récréations aux cultivateurs fatigués de leurs travaux journaliers. Quel est celui qui, au milieu de ces plaisirs simples, n'oublierait pas les peines qu'un amour non satisfait entraîne toujours avec lui? Si, de plus, une femme chaste, telle que serait une Dorienne, apportait ses soins, surveillait la maison, élevait ses enfants; que toute joyeuse à la voix d'un mari qui revient, elle anime le feu, entoure le troupeau d'une claie, qu'elle range sur une table ces mets simples qu'une métairie soignée fournit toujours à son maître; qu'au milieu de son frugal repas, des enfants chéris viènent caresser l'auteur de leurs jours en lui donnant de tendres baisers, un tel père pourrait-il remplacer ces jouissances par les huîtres du lac Lucrin (4), le turbot de la mer Ionienne ou le sparalon du

golfe de Carpathie, (5) qu'une tempête
imprévue aurait amené sur les rives de
l'Icarie (6)? Ah! que le sort m'accorde
un pareil bonheur, et jamais l'oiseau
d'Afrique (7) ou celui de la Colchide (8)
ne me seront un aliment plus savoureux
que l'olive des champs cueillie depuis peu
de ses branches fécondes; que la molle
patience, qui est d'une si courte durée
dans nos climats, ou qu'une brebis, ô
dieu Therme (9), sacrifiée sur tes autels
le jour de ta fête, ou une chèvre récemment
arrachée des griffes d'un loup cruel.
Quelle joie pour le maître de voir alors
arriver à la maison ses chèvres qui ont
encore l'odeur du pouillot qu'elles ont
brouté; ses brebis rassasiées de chiendent,
et ses bœufs fatigués traînant d'un
cou languissant le soc retourné de la
charrue, qui, un instant avant, formait
encore des sillons; de voir enfin un nombreux
domestique, indice d'une maison
opulente, toujours et par-tout occupé des
affaires du ménage! Ah! Pancharis, que

les dieux nous accordent un jour un tel bonheur, et dès-lors les maux de la vie, quels qu'ils soient, n'auront plus pour moi aucune amertume !

———

(1) C'est l'hirondelle qui, dans le texte, est ainsi nommée à raison de ce que, selon la fable, Prognée, femme de Térée, roi de Thrace et de la Phocide, fut changée en cet oiseau. Ce genre de volatile se trouve dans les deux continents ; il passe des climats froids dans les climats chauds quand l'hiver approche; son retour annonce le printemps.

(2) Mouches à deux ailes, que les insectologistes rangent dans la classe des hydromies, qui ont des antennes plumeuses ou filiformes et une trompe. Elles vivent au voisinage et sur la surface des eaux dormantes. Elles n'occasionnent aucune des incommodités qui rendent leurs environs désagréables. On en distingue plusieurs espèces; celles dont il s'agit dans le texte, sont les tipules culiciformes. Voyez, pour de plus grands renseignements, les ouvrages des naturalistes.

(3) C'est le dieu Pan qu'on adorait sur le mont Lycée, en Arcadie. Son temple était comme ceux que les anciens élevaient à leur divinité au milieu d'un bois sacré, *lucus*, près duquel, au dire de Pausanias, était un hippodrome et un stade, où l'on célébrait des jeux en l'honneur de ce dieu. De son temps, on y voyait encore plusieurs piédestaux, mais les statues n'y étaient plus. Jupiter y avait aussi le sien dans les environs, ainsi que l'observe le même voyageur, qui à cet égard cite plusieurs faits dignes d'être connus. C'était un usage chez les Grecs, d'offrir les premiers fruits au dieu dont il est parlé ici. On les disposait dans de petits plats qu'on appelait patelles, et on les portait en grande cérémonie à leurs statues élevées au milieu des campagnes et ornées de fleurs qu'offrait alors la saison. Cicéron remarque que déjà, de son temps, il y avait des gens assez peu scrupuleux pour manger ces fruits réservés aux dieux.

(4) Lac de la Campanie, près de l'Averne. Ce lac est comblé aujourd'hui par une éruption volcanique, qui a substitué aux eaux une montagne de cendres noirâtres. Ce qui reste du lac n'est plus qu'un marais fangeux, plein de roseaux.

(5) Mer qui se continue à l'Egée, et qui entoure l'isle Carpathus, aujourd'hui Scarpenta.

(6) Isle de l'Egée, qui prit son nom d'Icare. Elle s'appèle aujourd'hui Nicosie ou Famagouste. C'est la même connue encore sous le nom d'isle de Chypre, où Vénus eut plusieurs temples.

(7) La poule de Numidie.

(8) La gelinote d'Asie. Ces deux oiseaux étaient un mets fort recherché des anciens.

(9) Dieu qui protégeait les bornes qu'on plaçait pour indiquer les limites d'un champ; *quadratus deus*. C'est le premier que les Romains connurent; tant l'intérêt guide et guidera toujours l'homme dans sa croyance ! Il fut d'abord représenté par une longue pierre quadrangulaire, sur laquelle, par la suite, on plaça une tête humaine. Il était toujours sans bras ni pieds, pour qu'il ne pût changer de place. Les limites des champs étaient ce qu'il y avait de plus sacré chez les anciens; ceux qui avaient l'audace de les changer étaient dévoués aux Furies, et il était permis de les tuer quand on les rencontrait.

LA CUEILLETTE.

Salut, brillante Flore, tendre épouse de Zéphyr; l'honneur et l'éclat des jardins. Je te salue, toi à qui la mère des dieux orna la tête des fleurs printanières les plus suaves, pour que sa fille, embellie par elles, ne fût point indifférente aux amants lors de la célébration des fêtes de Bacchus, temps où la prudence commande aux vierges de veiller sur elles. Pendant que la riante Aurore, devançant le char du Soleil, sème à pleines mains les roses sur la route qu'il doit tenir, permets-moi d'admirer ici tout le luxe de ta cour, et de savourer les parfums qu'exhalent tes enfants. Je me félicite sur les soins que tu prends de ce parterre d'où Pancharis emprunte des ornements qui ne peuvent que faire valoir ses charmes. Cultive, je te prie, à

Tom. II.

mesure qu'elles s'épanouiront, ces fleurs destinées à relever la beauté de sa chevelure, et celles qui doivent composer la guirlande que recevront ses épaules d'albâtre, quand elle ira se mêler à la danse (1). Que ce parterre me sourit agréablement, et combien me plaisent les odeurs variées qui s'en exhalent! Que les Œnotriens (2) vantent leurs bosquets de Tarente, les Assyriens les jardins qu'ils suspendent dans les airs (3), et leurs vastes prairies sur les rives de l'Euphrate; que les Grecs citent avec pompe les délicieux vergers de la voluptueuse Corinthe (4), il ne m'en plaira que plus cet élysée à qui de nombreux ruisseaux donnent une fraîcheur toujours nouvelle. Salut, lignée récemment éclose à votre mère, récolte émaillée qu'elle se dispose à moissonner! Jeunes fleurs, je ne viens en vos paisibles retraites que pour choisir celles d'entre vous qui, cueillies, donneront un nouvel éclat à ma belle; épanouissez-vous donc au plutôt. Déjà un vent léger m'amène de plus suaves émanations; les rosiers commencent à exhaler leurs agréables odeurs; chaque bouton, se développant en feuilles purpurines, offre tout le brillant d'une nouvelle parure. Ne disputez plus entre vous sur la prééminence, fleurs charmantes qui pourriez avoir quelques droits sur moi; la reine de ce lieu paraît dans tout son luxe, vous devez lui céder le pas (5). O rose, humide des larmes de l'Aurore, tu seras la première fleur que mes doigts empressés cueilleront pour aller lui exhaler tes parfums : ornement suave de la belle Vénus, ainsi unie au myrte, tu n'en brilleras que plus sur les neiges de son sein (6). Mais puisse ton odeur lui être encore plus agréable, si, voulant mon bonheur, elle savoure tous les baisers que je te donne ! Allons, jeunes esclaves, cueillez tout ce qui est épanoui; les lis, la circée, le glaïeul, la pervenche, le bleuet, le pied-d'alouette, la marguerite, la tulipe et même le safran à chevelure d'or. Je ne t'oublierai point, quoique tu sois cachée sous l'épaisseur du gazon, ô violette qu'un voile obscur entoure, et qui, pour avoir été frappée des derniers froids, n'en paraîs encore que plus éclatante : oui, ton nom passera aux temps les plus reculés, lorsque j'aurai cité ton histoire ! Digne fille de Latone, qui as choisi les forêts pour séjour, daigne offrir à ma mémoire les faits relatifs à une pudeur qui te fut agréable, et même qui mérita l'approbation de tes compagnes. Au nombre des nymphes que cette déesse a toujours à sa suite, en était une belle au-delà de toute expression : elle s'appelait Ianthe. Combien de mères, éprises de ses charmes lorsqu'elles la rencontraient dans les lieux les plus solitaires, la desirèrent à leurs fils ! Cimodocée, à qui elle devait la vie, s'étant un jour sauvée de la poursuite d'un lion, l'avait, par reconnaissance, vouée, encore enfant, à Dictynne. L'innocente fille, en tenant son carquois sacré, lui disait d'une voix pieuse : « Souveraine des bois, que ces flèches qui sont entre mes mains te soient garantes de la virginité que je te voue ! » Elle eût tenu sa parole si sa beauté n'y eût point été un obstacle, et si un dieu, et non un mortel, n'eût voulu la rendre coupable. Apollon la rencontra un jour qu'au sortir d'une onde pure elle faisait sécher ses cheveux au soleil du midi. La voir et s'embrâser de ses charmes fut pour lui l'effet du moment. Loin de songer à éteindre sa flamme, il ne cherche et ne desire que cette nymphe, tout occupé des jouissances qu'il en espère. Il lui fait connaître le pouvoir qu'elle a sur lui par des signes auxquels la crainte la rend aveugle. Aussi prompte que la biche timide qui rencontre un lion furieux, ou que le faisan qui va devenir la proie du faucon, la nymphe, redoutant ses empressements comme s'ils cachaient le crime, s'éloignait de sa vue pour se soustraire à sa poursuite. En vain le dieu lui adressait les plus douces paroles, elle, encore plus craintive, n'en accélérait que plus sa fuite. « Arrête, lui criait-il, ne méprise point celui qui te porte son hommage; accorde-moi un regard de faveur, je ne puis être ton ennemi. Tu ne connais pas, cruelle, celui que tu fuis : Jupiter est mon père; pour moi brûle à Claros (7) l'encens le plus pur. C'est par moi qu'est connu ce qui a été, ce qui est et ce qui sera. Je suis celui qui donne un nouveau charme aux poèmes qu'on marie aux doux accents de la lyre. On m'accorde la puissance de l'arc, quoique l'Amour soit encore plus expert que moi dans l'adresse qu'il demande. La médecine est une de mes inventions, quoique, hélas! je ne puisse y trouver un soulagement aux maux qui me dévorent, tout ce que je peux imaginer comme remède ne servant qu'à irriter mon mal. » Cependant, plus sourde que les flots en courroux lorsque la constellation du bélier est près de son coucher (8), et plus dure que le fer à qui le forgeron a donné plus d'une trempe, l'inhumaine, obéissant aux avis de Diane, ne s'enfonçait que plus dans les forêts, et fuyait avec plus de soin les côteaux exposés aux regards du soleil. Ah! combien de fois cette chaste déesse ne lui dit elle pas : « Ma chère, évite soigneusement les collines ; car, à cause de toi, Apollon ne les fréquente que trop souvent. Fuis la rase campagne ; fuis le rivage de la mer, qui fut tant de fois funeste à tes pareilles : le dieu à blonde chevelure, qui rend ses oracles à Patare (9), ne se plaît que trop souvent à les visiter ». La nymphe, soumise à ses avis, traversait les vallons d'un pied léger, s'enfonçait dans les déserts, se cachait dans le voisinage des fontaines, dans les cavernes les plus profondes ; et, indocile à supporter le joug, elle se tenait à l'écart dans les sombres retraites, peu inquiète de ce que lui voulait l'Amour, de ce dont la sollicitait l'Hymen, encore moins de ce que lui suggérait cette beauté dont elle ignorait tout le pouvoir. Si le nom de l'une de ces divinités tombait sur les lèvres de ses compagnes, aussitôt elle frissonnait, et l'incarnat de la rose venait colorer les lis de son visage. O trop malheureuse nymphe ! pourquoi aussi méprisas-tu ces feux de ton amant, qui, satisfaits, eussent tant contribué à ton bonheur ? Mais quand un dieu s'est arrêté à un projet, le succès doit aussitôt le suivre, sinon la violence bientôt triomphe de la plus grande résistance. Apollon la poursuit de près, s'inquiétant peu de ses menaces, et déjà cette belle était en sa puissance, et sa pudeur à son terme allait succomber aux ruses de l'amant, quand la chaste déesse, qui arriva, plaignant le sort de cette infortunée, s'écrie : « Ah ! périsse au plutôt cette nymphe à qui la beauté serait un sujet de crime. » A ces mots son visage se teignit d'un violet foncé, et cette infortunée, qui naguères offrait tous les charmes de son âge, n'est plus qu'une fleur qui à peine se laisse entrevoir parmi la verdure, d'où elle s'élève encore avec crainte. Les poètes, touchés de sa disgrace, l'ont chantée à l'envi dans leurs vers sous le nom d'Ianthe, qui est le même que celui de violette. La nymphe, sous cette nouvelle forme, aime encore les lieux sombres qu'elle habitait avant qu'elle ne connût jusqu'où pouvait s'étendre le pouvoir de sa souveraine : aussi se cache-t elle dans les vallons et les forêts les plus sombres. Zéphyrs légers, portez ces paroles à Pancharis, afin qu'elle apprène d'elles les suites fâcheuses auxquelles une pudeur peu réfléchie donna lieu. Holà, amis, remplissez vos corbeilles de la moisson que nous faisons, pendant que Flore comble mes vœux au-delà de mes espérances. Allez, brillantes fleurs, allez exhaler vos parfums à ma belle en ce moment favorable où elle s'éveille. Ainsi, en la rappelant des langueurs du sommeil, indiquez-lui ce qu'à déjà fait mon amour, afin qu'elle sache par vous que depuis long-temps je veille ici pour elle. Et toi, rose toute resplendissante des perles que l'Aurore a laissé tomber de son sein, comme ta couleur est belle ! comme ton parfum est agréable ! Oui, dis-lui que ses lèvres et ses joues auront encore une plus belle couleur que la tienne, si elle me permet de doubler les baisers que je lui ai déjà donnés, et que par supercherie, elle sut tant de fois éviter.

———

(1) Les Athéniens, et généralement tous les Grecs, cultivaient les fleurs avec soin : ce goût s'étendit même à leurs colonies les plus éloignées; et si sur ce point on considère leur usage, on n'aura plus lieu d'être étonné de leur prédilection pour elles. Une fille, un garçon, naissaient-ils à des parents qui les avaient attendus depuis long-temps, on ornait leur berceau de guirlandes, on parait le seuil de bouquets. Allaient-ils à l'autel de l'Hymen, leurs vêtements brillaient des fleurs les plus belles, leur chemin en était jonché. On en parait les temples, les

statues des dieux; on en formait des couronnes qu'on plaçait sur leurs têtes au milieu des repas; on les répandait sur les lits, les tables. On les offrait à la déesse Chloris, à Pan, à Pomone; et pour fournir à tous ces emplois, chaque cultivateur qui faisait porter ses légumes et ses fruits au marché, avait soin que son envoi fût accompagné d'une corbeille de fleurs odorantes, qui aussitôt étaient enlevées.

(2) Peuples qui en Italie reçurent ce nom du roi Œnotrus, Arcadien, qui le premier leur donna des lois; du moins est-ce l'opinion de Pausanias. D'autres font dériver leur étymologie d'*oinos*, vin; parce que, disent-ils, les vignobles abondent dans la région qu'ils habitent.

(3) On a regardé ces jardins comme ayant été une des sept merveilles du monde; nous laissons à juger, d'après ce qui suit, si tout ce qu'on a écrit à ce sujet est apocryphe ou non. Sur le sol s'élevaient nombre de colonnes de l'espèce de pierre la plus belle; sur elles étaient des poutres d'un bois compacte et qui ne pouvait se pourrir. Ces poutres étaient d'autant plus proches l'une de l'autre, qu'elles supportaient une plus grande

épaisseur de terre. La couche en était quelquefois si profonde, que plusieurs arbres y croissaient très-haut. Communément on y trouvait plusieurs sortes de plantes, et divers légumes et fruits. On avait disposé plusieurs canaux qui venaient des lieux plus élevés, de manière à pouvoir, au besoin, y répandre l'arrosement.

(4) Ville de l'Achaïe, dans le Péloponèse, auprès de l'isthme qui joint cette presqu'isle au continent de la Grèce. Sa situation sur les deux mers la rend très-commerçante. Les Corinthiens disaient que les dieux s'étaient disputé l'empire de leur pays, tant ils le trouvaient beau. L'histoire fabuleuse dit que Vénus, récemment sortie des ondes de la mer, et allant des rives de Cythère à celles du Péloponèse, accompagnée des Néréides et des Tritons, qui célébraient sa naissance, salua les rochers sur lesquels elle savait déjà qu'on devait lui bâtir un temple. Les habitants, dès-lors, répondirent aux vœux de la déesse : des autels s'élevèrent pour elle, des jeunes filles les desservirent; des corps de courtisanes se formèrent. Le gouvernement, qui était intéressé à faire dépenser l'argent des marins dans cette ville où ils abordaient de toutes parts,

non-seulement les toléra, mais il alla même jusqu'à en instituer un certain nombre destiné à ménager les intérêts de la déesse comme ceux de leurs villes. Aussi cette contrée fut-elle celle que choisit la célèbre Laïs pour y faire sa demeure, et y vivre dans le luxe et la mollesse où la tenaient les largesses de ses nombreux adorarateurs. Voyez les Lettres d'Alciphron sur les Courtisanes, et l'ouvrage récemment publié, intitulé *Aristippe*.

(5) Si, dit Sapho dans un morceau qu'Achille Tatius nous a conservé, Jupiter voulait donner une reine aux fleurs, il choisirait à l'instant la rose : elle est l'ornement de la terre, l'honneur des jardins, le charme des yeux et la parure des belles. Rien n'égale son éclat : elle respire l'amour ; c'est la fleur chérie de Vénus ; chaque feuille en est ravissante. La rose est l'image de la volupté ; son calice enchanteur rit à l'amoureux Zéphyr. Anacréon, qui en connaissait tout le prix, enchérit encore sur ces louanges, en ajoutant qu'elle embellit les Graces dans la saison fleurie des amours ; qu'elle est l'ornement chéri des Muses, et qu'on la cueille toujours avec un nouveau plaisir, quoiqu'elle blesse par ses épines.

(6) Les vers suivants, de Favart, ont quelque analogie avec ceux de l'original : les deux derniers offrent d'ailleurs une idée délicate qui mérite de trouver ici sa place.

>Tendres filles de Flore,
>Image du plaisir,
>Colette dès l'aurore,
>Viendra vous cueillir.
>Vous brillerez près d'elle
>D'un éclat plus parfait :
>C'est le sein d'une belle
>Qui pare le bouquet.

(7) Ville de l'Ionie, aujourd'hui Calamo, proche Colophone, où Apollon avait un oracle. Ce fut Manto, fille de Tyrésias, qui la bâtit, lorsqu'elle fuyait les Épigones, vainqueurs des Thébains.

(8) Les marins ont observé que quand ces étoiles, qui sont au-dessous de la chèvre, sont près de leur coucher héliaque, la mer était souvent agitée de manière à leur faire craindre une tempête.

(9) Ville de Lycie, dans l'Asie mineure, où Apollon tenait encore un oracle.

LE PRÉLUDE.

Oui, sous ce platane (1) dont le feuillage favorise si bien nos amours, donne-moi, ma chère, autant de baisers que la tendre Cythérée en donnait à Mars quand elle fut prise dans les filets du soupçonneux Vulcain; autant que l'Amour, empressé à relever tes charmes, laisse éclore de roses sur chacune de tes joues; autant qu'il flotte de cheveux çà et là sur tes épaules, qu'il sort d'étincelles de tes yeux; enfin, autant que les colombes, dans leurs mutuelles caresses, se donnent de coups de langue au lever du soleil. Que nos lèvres se fassent ainsi la guerre, et que les coups qu'elles se porteront ne soient point soumis au nombre, que la volupté ne connut jamais, et dont moins encore pourrait se souvenir un amant satisfait. Cérès calcule-t-elle tous les épis qui doivent ceindre sa tête lorsqu'en été mûrit la moisson ? Flore, au printemps, est-elle aussi scrupuleuse sur le nombre des fleurs dont elle orne son sein ? Quand Zéphyr parcourt les bosquets d'Idalie, prend-il garde sur combien de roses il voltige ? et lorsque l'avant-courière du jour colore l'Orient avec le rubis, le saphir et l'émeraude, se contente-t-elle de verser quelques larmes sur nos vergers ? ne les arrose-t-elle pas souvent avec la plus grande prodigalité ? Ah ! cesse donc de revenir sur le nombre des faveurs que tu m'as accordées, actuellement que j'oublie tous les tourments dont tu m'as été cause. Deviens-moi plus favorable, et ne me réitère point des plaintes qui en ce moment ne pourraient avoir aucun effet sur moi : que de douces caresses me dédommagent de tes précédentes rigueurs. Oui, m'étreignant comme je le desire, cède à ma prière, cède à mon amour ; une volupté que tu ignores nous attend tous deux. Serre-moi

dans tes bras, et comble enfin mes vœux
en éloignant désormais tout retard à mon
bonheur. Hélas! ne m'afflige pas par une
indifférence qui ne peut avoir son excuse, et que les plus tendres baisers me
dédommagent des peines passées. Oui,
réponds à mon ardeur en me les donnant
par milliers, aussi doux que l'ambrosie.
Tu as honte du nombre! donne-les moi
sans les compter, ou mêle-les tellement,
qu'aucun envieux ne puisse dire combien j'en aurai reçu. Donne-les moi tels
que je les demande, actuellement qu'é-
loignée de tout importun, tu peux commencer à me faire connaître le suprême
bonheur. O délicieux combat d'amour et
de volupté! Pancharis, continue cette
guerre qui est tout à mon avantage. O vie
de mon ame! passons ainsi désormais
nos loisirs, quoi qu'en dise l'austère vieillesse. Le temps s'écoule, entraînant avec
lui les charmes qui nourrissent l'amour :
ainsi, prévoyant le futur, ne laissons
point échapper l'occasion (2). Si, au re-

tour du printemps, tu vois par-tout reverdir les bois, les jardins et les collines, n'attends pas pour nous une pareille destinée. Le soleil parcourt d'un pas égal la voûte azurée, et, en s'élevant comme en s'abaissant, il conserve toujours l'agrément de la nouveauté; mais lorsque la Parque cruelle aura coupé le fil de nos jours, nous irons vers la nuit profonde, sans espoir de repasser le Styx. Remplissons donc les moments en portant notre hommage à Vénus, en savourant la volupté qu'elle nous offre, et nous livrant aux jouissances, qui, variées par l'Amour, nous en paraîtront plus piquantes. Ainsi, mêlant les plaisirs aux peines de la vie, cueillons les roses au milieu des buissons où nous pourrons les rencontrer.

---

(1) Le platane est un arbre qui, selon le sys-

tême de Jussieu, est dans la classe des dicotylédones à pétales, ayant ses étamines séparées du pistil, et dans l'ordre premier, qu'on appèle Amentacés. Celui dont il est fait mention ici est l'oriental, dont le feuillage et le port sont très-connus aujourd'hui que cet arbre est fort répandu en France. Originaire de l'Asie mineure, il devint bientôt le favori des grands de Rome, où il fut apporté par leurs victorieux guerriers. Cicéron, Virgile, Horace et Hortensius, vantèrent bientôt son ombre et le frais que goûtaient ceux qui se reposaient sous lui. Pline parle d'un planté en Lycie, près d'une fontaine, sur le grand chemin. Son tronc avait quatre-vingt-un pieds de circonférence; ses branches formaient une espèce de bosquet touffu, impénétrable aux rayons du soleil. Cet arbre, à la suite de plusieurs siècles, était devenu tellement creux, qu'on l'appelait la grotte végétante : on y avait pratiqué des bancs de mousse, sur lesquels reposaient les voyageurs.

(2) Telle est la morale de ceux qui anciennement vécurent en bons Épicuriens. « Amour, dit Anacréon, retrousse ton manteau sur l'épaule, et sers-moi à boire; car la vie roule comme un

char rapide. Une fois morts, nous ne sommes plus qu'un peu de poussière. Bannissons d'ici toute inquiétude, attendu que là-bas nous danserons chez les morts. »

Théognis, le poète sentencieux de la turbulente Mégare, offre sur ce point des opinions que ne manqueront pas de blâmer les rigoristes. « J'aime, dit notre sage, à prendre du plaisir tant que dure la délicieuse puberté ; je ne serai que trop long-temps caché dans les entrailles de la terre comme une pierre muette, sans pouvoir jouir de l'aimable lumière du soleil. » Ailleurs il dit : « Ah ! que la fraîcheur du jeune âge passe rapidement. Charmez-moi, tandis qu'il en est encore temps, ô vous qui m'aimez ; bientôt de nouveaux mortels prendront sur la terre la place que nous occupons ; bientôt je quitterai les vivants, et ne serai plus qu'une terre noire. »

Horace, décrivant les agréments du printemps, continue en disant à Thaliarque :

Quid sit futurum cras fuge quærere,
Quem sors dierum cunque dabit, lucro
Appone : nec dulces amores
Sperne puer, neque tu choreas,

Donec virenti canities abest
Morosa.

Enfin le Tasse fonde ses conseils sur la même base lorsqu'il fait dire à ses bergers, dans un des chœurs de l'Amynte :

>Amiamo, che non ha tregua
>Con gli anni umana vita et si dilegua.
>Amiamo che 'l sol si muore e poi rinasce.
>A nuoi sua breve luce
>S'asconde, e 'l sonno eterne notte adduce.

LE COLIN-MAILLARD.

Ah! quel est encore mon plaisir en me rappelant ce beau jour où Pancharis connut les effets de ma ruse ? C'était la saison où le moissonneur mettait en gerbes la récolte que sa faucille avait coupée. La belle Doris (1), fuyant alors l'ardeur du soleil qui desséchait les campagnes, allait chercher le frais dans les profondeurs de l'Océan, au risque d'éprouver les feux de Nérée son époux. L'astre du jour arrivait vers le terme de sa course, lorsque ma bien-aimée, mêlée avec ses compagnes, courait joyeusement à travers les agréables bosquets de Nilée (2). Celle-ci ayant négligemment rassemblé sa tunique légère au-dessus du genou, va et vient, suivie dans sa course d'une autre qui découvre un sein d'albâtre à travers un voile en désordre.

Les rubans de la chevelure tombent à celle-là qui, traversant la prairie, n'y laisse aucune des traces de sa course (3), tant y est légère l'impression de ses pieds délicats qui sont sans chaussure. Ainsi, après une victoire, on voit sur les bords du Thermodoon (4) une troupe d'Amazones (5), leurs armes posées sur le gazon, se porter çà et là, multipliant leurs ruses, et chantant à l'envi leurs prouesses. Toutes les richesses embaumées de la campagne sont mises à contribution; la récolte à chaque instant s'augmente : la blanche Phylis cueille l'anémone, Charité le maugris (6), Aglaure le cytise, Euphrosine la rose, la belle Dryopé la chlore (7), Lycoris le bleuet, Cyane la narcisse, la prude Glycère le safran. Thaïs aime la marjolaine, l'aimable Léodore le pouillot : la bonne Virginie porte toute son ame sur la marguerite, dont la blancheur égale sa candeur. Toutes tiges sont victimes de l'ongle, pour peu qu'il s'exhale quelque odeur de leurs fleurs.

La moisson est dans toute sa force, et chacun s'occupe à la rendre abondante. Un pan de la robe tient lieu de corbeille : toutes portent leur tribut à Pancharis, qui, assise sous un épais lotier, unissait le pied-d'alouette à l'humble paquerette, et l'odorante camomille à la violette. Déjà chacune admire la guirlande qui doit orner ses brillantes épaules, et la couronne qui pressera sa flottante chevelure (8). A celles-ci succèdent d'autres que leur souveraine appèle. O fleurs, dont les parfums ont tant de suavité, si vos charmes ont leur valeur, leur existence n'en est que plus passagère. Quel que soit le luxe que vous étaliez, je lui préfère encore celui des lis et des roses qui embellissent ma belle. Glycère, dont la gorge se contourne sous la plus belle forme, commence un chant d'allégresse qu'Iphie accompagne de l'atabale (9), pendant que ses pas mesurés en suivent la cadence (10). Alors chacune se lie pour la danse; elles avancent et

retirent leurs pieds, accélèrent leurs pas
selon les sons qu'elles entendent, et dans
leurs mouvements elles semblent à peine
presser le gazon. Jouez dans le printemps
de votre vie, folâtre jeunesse, et ne souf-
frez pas que vos agréables moments soient
pour le chagrin. Jouez pendant que vos
années coulent comme l'onde fugitive
d'un murmurant ruisseau, et qu'un nouveau plaisir remplace celui qui est sur
son déclin. Toute la vivacité des jeux que
Terpsichore leur avait inspirée étant passée, il leur vint une nouvelle cause de
plaisir. Pancharis entoure son front d'un
lin fin : ses beaux yeux, ainsi couverts,
la voilà transformée en Amour. Bientôt
la troupe joyeuse court autour d'elle :
la lascive Cyane lui porte un baiser au
sein, Aglaure lui imprime le sien sur les
yeux ; la belle Glycère préfère la joue.
Ainsi chacune sème et moissonne aussitôt sur elle, et l'ingénue ne pouvait de-
viner de qui étaient les derniers baisers.
Insensées, disais-je à l'écart, à quels

jeux stériles occupez-vous vos loisirs ? Vos amants vous manquent, sans eux vos plaisirs peuvent-ils être réels? Aussitôt je m'élance dans la foule, cherchant à prendre ma part d'une moisson dont la nouveauté avait pour moi tant de charmes. J'hésitais encore à troubler ces jeux, lorsque l'Amour me rendant hardi, me fit aller plus avant. L'éclair qui fend la nue part avec moins de rapidité que ne fut la mienne en m'élançant vers la troupe, que la peur dissipa aussitôt. Brûlant de desirs, j'approchai de celle qui m'avait attiré vers elle, et, d'une bouche que la passion animait, j'imprime sur son sein trois baisers de feu, qui furent pour elle l'indice de ma présence. Pancharis éprouva bientôt une ardeur qu'elle n'avait point encore sentie dans les agaceries de ses compagnes; et approuvant tacitement celui qui en était la cause, elle était toute à son sentiment quand l'ingénieuse Cyane lui demanda qui lui avait porté le dernier baiser. La belle, toute honteuse,

garda le silence auquel la contraignait la
pudeur. Elle garde le silence, et de là
même on déduit la raison de la rougeur
qui lui était survenue lorsqu'elle sut son
amant si près d'elle. Cependant elle pardonnait cette ruse au coupable, quand la
troupe exhala sa colère en reproches. La
vengeance fut jurée, mais la réflexion
amenant le délai chez ces belles, elle n'alla
pas plus loin que leurs lèvres. Chacune
fuit en blâmant une telle audace, et, féconde en termes de reproches, en demande une prompte punition : cependant
il n'en est aucune qui ne desire que son
amant, dont elle cache le nom, lui fasse
une aussi douce supercherie.

---

(1) Nymphe de la mer, fille de l'Océan et de
Thétis, mère des Néréides.

(2) Coteau hors des murs de Milet, à l'Ouest ;
ainsi nommé du tombeau de Nilæus, fondateur

de cette ville. Ce tombeau, dit Pausanias, était prés de la porte, à gauche du chemin qui menait à Didyme. Au retour du printemps, les vierges, la tête et le sein parés de fleurs nouvelles, leurs appas recouverts d'une gaze légère, couraient dans les bois en formant des danses pastorales dont les figures offraient toute l'innocence des premiers temps. Heureux cet âge d'or dont on ne peut actuellement jouir que par le récit qui nous en a été fait !

(3) Cette idée se trouve dans Homère, qui, en parlant des Heures dans son Hymne à Vénus, les dit si légères, qu'en marchant sur le sommet des épis, elles ne les auraient point fait ployer, encore moins rompre. Virgile s'est arrêté sur ce tableau qu'il a imité, où en parlant de Camille accélérant le pas, il dit :

Illa vel intactæ segetis per sumna volaret
Gramina; nec cursu teneras læsisset aristas.

(4) Fleuve de l'Asie mineure, qui coule dans la Cappadoce et le Pont pour se jeter dans l'Euxin.

(5) Femmes guerrières qui habitèrent d'abord

les rives du fleuve Thermodoon, en Cappadoce, d'où étant chassées par Thésée, elles vinrent s'établir en Scythie. Leur reine était la fameuse Penthésilée, qui vint au secours des Troyens contre les Grecs. Consultez les Soirées Littéraires, tome II ; l'histoire de Vallasqua, ou Ulasta, comme l'appèle Puffendorf dans son introduction à l'histoire de Bohème, qui place le fait comme étant arrivé dans le septième siècle; vous y verrez jusqu'où peut aller le courage, quand il est enté sur l'ambition. Ce récit, appuyé autant qu'il peut l'être par l'histoire, vous rendra plus croyables les hautes actions des Amazones, si renommées chez les auteurs grecs.

(6) Fleur très odorante, originaire d'Arabie, et qu'on range dans la classe des jasmins.

(7) Autre fort jolie, qu'on trouve dans celle des gentianes.

(8) A s'en rapporter à Pline le naturaliste, les plus anciens peuples de la Grèce ne portaient point de couronnes; ils avaient réservé cet ornement pour les dieux. Bacchus fut le premier

qui, revenant de l'Inde, parut avec une couronne de lierre, en signe de sa victoire. On crut bientôt témoigner plus de respect aux dieux, dans les sacrifices, en leur offrant couronnées les victimes que le religieux couteau allait égorger. De l'autel les couronnes passèrent aux jeux et aux combats solemnels, pour être distribuées aux athlètes qui s'y distinguaient le plus; puis aux champs de bataille, où les généraux qui s'étaient signalés en recevaient une de laurier. Les simples soldats qui avaient sauvé un citoyen en obtenaient une de chêne. Ceux qui avaient monté les premiers à un assaut, attaqué et pris une galère, en avaient une d'un tout autre feuillage. Celles de chiendent étaient les plus honorables; on ne les donnait qu'aux chefs qui avaient délivré une ville assiégée, ou éloigné de leur pays un très-grand malheur. Bientôt l'usage des couronnes passa aux banquets : ainsi Plutarque dit, dans ses Symposiaques, que les chapeaux de fleurs dont Bacchus veut que la tête des convives soit ornée, signifient la joyeuse liberté où chacun doit être. Les femmes grèques excellaient dans l'art de faire des couronnes, des guirlandes, et autres ornements de fleurs. Ainsi l'on parle encore parmi nous de la belle Glycère, bouquetière, qui, amie de Pausias, fut peinte par cet artiste avec tous les attributs de son état, qu'elle vendait avec les plus belles graces au public. Parées des produits de son industrie, les jeunes filles, comme autant de nymphes, allaient les jours de fêtes chanter des hymnes aux temples, assistaient aux épousailles de leurs compagnes, les conduisaient quand elles se rendaient la nuit au lit de l'Hyménée, et allaient les féliciter le matin à leur réveil. Dans les danses qui se faisaient au coucher du soleil dans les prairies, les bocages, c'était à qui l'emporterait par des guirlandes, des festons d'un nouveau goût, qui n'avaient de beauté qu'autant que Glycère y avait mis la main.

(9) L'atabale est un triangle de fer usité dans les cérémonies mystiques des Égyptiens, qu'il ne faut point confondre avec les castagnettes dont jouent quelques peuplades du nord de l'Afrique. Celui-ci est composé de plusieurs petites lamines mobiles, et enfilées sur les tiges latérales qui tiènent à la principale; en sorte que quand on remue tout l'instrument, les lamines, séparées les unes des autres en retombant, font un bruit plus ou moins aigu, selon la largeur

et l'épaisseur des lamines. Depuis on a simplifié l'instrument en lui ôtant ses lamines, et pour le rendre sonore on se contente de les frapper avec une tige de fer qu'on tient d'une main, pendant que de l'autre on soutient le triangle par un cordon. Si l'on en croit Pausanias, cet instrument est très-ancien ; car ce fut par son moyen, et non en les tuant, qu'Hercule délivra les environs du lac de Stymphale des oiseaux mal-faisants qui les infestaient.

(10) Le chant mêlé à la danse, dit Lucien, est le plus beau présent que nous ayent fait les dieux. Le plaisir naît de la musique, et tous deux sont joints à l'art de la danse. Hésiode, dans le commencement de sa Théogonie, voulant louer dignement les Muses, dit qu'il les avait vues danser au lever de l'Aurore, et que leurs pieds délicats foulaient en cadence les bords semés de violettes de la fontaine d'Hippocrène, et qu'alors elles dansaient en chœur autour de l'autel de leur père.

L'INSCRIPTION.

O LAURIER toujours agréable par la verdure de ton feuillage, reçois aujourd'hui sur ta molle écorce le beau nom de ma maîtresse ! Que les lettres qui le composent revivent, et qu'agrandie dans ses contours, chacune d'elles indique que mes desirs augmenteront avec ses accroissements ! Reçois ces caractères comme une marque de ma constance, et qu'ils continuent d'être aussi bien gravés sur toi qu'ils le sont dans mon cœur ! Ta tête sacrée ne se dépouillant jamais de ses feuilles, jouit toujours du même éclat, et l'hiver, quelque rigoureux qu'il soit, ne lui porte point atteinte. Pendant que tout me sourit, puissent ainsi m'être durables les faveurs que ma belle m'accorde, et sans lesquelles il n'est nul bonheur pour moi ! Si Pomone (1) n'a point encore pensé à t'accorder ses largesses en ornant tes rameaux d'un fruit qui serait bientôt cueilli, que mon espoir ne soit point ainsi trompé dans l'horison du bonheur qui s'ouvre maintenant pour moi : au contraire, que les occasions de le goûter n'en deviènent que plus fréquentes! Que les Faunes dansent autour de toi; que les Napées (2) et les Nymphes qui auraient pu éprouver les feux de l'amour viènent mêler leurs pas mesurés aux leurs! Sois désormais regardé comme le souverain des arbres de ce canton, et qu'on rende l'honneur dû à ta tête verdoyante, qui est actuellement dans tout son éclat! Que toute indifférente, toute volage, comme tout amant léger, ne puissent reposer sous ton ombre! Que jamais le vautour n'y viène prendre un asyle destiné avec raison à la simple colombe! Puissions-nous un jour, près de toi, nous donner des preuves mutuelles d'une foi la plus vive, et qu'au milieu de notre délire, Vénus nous

donne autant de couronnes de myrte que
nous serons parvenus de fois au suprême
bonheur ! O rocher sourcilleux ! mon
stilet gravera aussi sur toi des caractères
qui sont bien dignes du ciseau de Myron (3) : reçois-les tels que ma main,
guidée par l'espérance, les imprime sur
toi, et qu'ils soient pour Pancharis une
assurance que mon amour sera aussi durable qu'eux, si elle favorise tous mes
vœux !

---

(1) Déesse des jardins, qui épousa Vertumne,
ainsi qu'il est rapporté au quatorzième livre des
Métamorphoses d'Ovide. Ces deux divinités ne
sont connues que dans la mythologie latine, car
les Grecs n'en font aucune mention. On pourrait
ainsi trouver l'auteur répréhensible d'avoir mis
la première en scène dans son ouvrage qui offre
tous les usages de la Grèce, si, d'après sa lec-
ture, on ne voyait pas qu'il suppose une époque
où la mythologie grèque et latine étaient con-
fondues par la communication où étaient les deux
peuples entre eux.

6.

(2) Nymphes des bois et des vallons.

(3) Célèbre sculpteur, fils d'Eleuthérus et disciple d'Egésilades le Syracusain. Il sculpta une vache dont les traits étaient si bien caractérisés, qu'elle fut chantée par un grand nombre de poètes. Cet artiste, au dire d'Ausone, ne fut point insensible aux traits de l'amour. La fameuse Laïs lui ayant plu, il se présenta un jour chez elle : ayant été fort mal accueilli, il crut que ses cheveux blancs en étaient la cause ; il se retire, va les peindre en brun, et revient à cette courtisane avec confiance sous ce nouveau déguisement. Laïs le reconnut, et lui dit d'un ton railleur : « Imbécille que tu es, tu me demandes une faveur que je viens de refuser à ton père. »

LE STIGMATE.

Un jour d'été, près la fontaine de Biblis (1), à l'heure où l'ombre est si agréable aux troupeaux fatigués des chaleurs de la canicule, Pancharis, à l'écart, se livrait aux douceurs du plus profond sommeil. Un gazon frais formait sa couche ; une yeuse épaisse, étendant au loin son feuillage, lui formait une ombre favorable, et le murmure de l'eau qui s'échappait par bonds, amusait son ame absorbée dans d'agréables rêveries. Un vent léger caressait, en badinant, sa chevelure parfumée, et ainsi répandait à l'entour ce qu'elle exhalait de plus suave. Pancharis dormait, et Morphée, empressé à soulager ses amoureux tourments, répandait sur elle le pavot à pleine main. La troupe musicienne des airs, perchée sur des arbres d'alentour, avait cessé ses chants mélodieux pour ne point troubler son paisible sommeil. Divine Vénus! un lin transparent, flottant à l'aventure, cachait en partie ses membres d'albâtre et ses plus beaux appas. Son cou d'ivoire pressait son bras gauche, et le droit était mollement étendu sur le milieu de son corps. Une guirlande de fleurs variées parait ses brillantes épaules, et ses blonds cheveux, négligemment retenus, tombaient en ondes flottantes sur son côté. Son sein de neige n'était point oisif : agité par des mouvements que l'amour y excitait d'une manière interrompue, il portait tous ses efforts sur le voile qui le couvrait. Oh! combien le souvenir de ce sort prospère me flatte encore! « Doux songes, murmurais-je tout bas, vous par qui mon ame, au milieu des ombres de la nuit, éprouve souvent les délicieuses erreurs de l'illusion, descendez des célestes voûtes, et amenez les idées les plus riantes à cette belle, pour qu'elle apprène de vous les lois que

lui impose l'Amour! Répondez à mes
vœux en me présentant à ses pieds, et
que toutes les paroles que je lui adres-
serai ayent la douceur du miel d'Hy-
mette! Qu'elle me sourie, et qu'en lisant
sur mes traits, qui sont si changés, l'agitation que me causent au-dedans la crainte
et le desir, elle compatisse à ma triste
situation! Si alors elle s'irrite, que finissant au moins par approuver mon audace,
sa colère s'appaise par mes protestations.»
Sur ces entrefaites, un zéphyr propice
vint mouvoir légèrement son voile (2),
de manière à m'étaler presque tous ses
charmes. Encore un souffle, lui dis-je,
et la plus belle rose du printemps s'épa-
nouira pour moi. Le zéphyr m'est favorable, les nœuds se rompent : un seul
résiste encore, il glisse doucement, et
laisse paraître de nouveaux appas, que
semblait vouloir cacher la foule des
Amours. Au milieu des lis s'entr'ouvrait
un bouton de roses qui en relevait l'é-
clat. Dans l'ardeur qui m'agite, je m'ap-

proche de plus près, et, d'une bouche
téméraire, j'imprime trois ardents baisers à cette fleur qui n'a point sa pareille
dans les bosquets de Gnide, qu'on ne
pourrait trouver dans les jardins d'Alcinoüs, encore moins dans les riants parterres de la Sicile. Je m'échappe aussitôt,
lorsque ma belle s'éveillant par un excès
de sensibilité, portait une main inquiète
sur son sein, là où voltigeait par hasard
une abeille. L'insecte ailé, déçu par la
couleur de la rose qui avait reçu mon
hommage, quittait le liseron de la colline
pour venir se nourrir de ce qui faisait l'objet de son erreur. « Est-ce ainsi, cruel,
que tu me blesses de ton perfide aiguillon? s'écrie ma belle, croyant avoir été
piquée par lui : oui, tu payeras de ta vie
le mal que tu viens de me faire, quelque
agréable qu'il me serait si je l'éprouvais
encore. » « Pancharis, que vas-tu faire?
lui dis-je en élevant ma voix; pardonne-moi cette ruse, pardonne à celui qui
t'avoue son crime : c'est moi qui suis

l'abeille, et s'il te faut une victime, dirige ta vengeance sur moi, ou souffre plutôt que l'abeille dont tu as réellement à te plaindre, porte le remède au mal dont elle est la cause.

---

(1) Fontaine qui jaillit près de Milet, et dont la source part de dessous un chêne de la vallée où elle coule. Pausanias en fait mention. Voyez dans le neuvième livre des Métamorphoses d'Ovide, les circonstances relatives à son origine. Quant au tableau que l'auteur ne fait qu'esquisser ici, on en trouve un, riche en couleurs, dans la traduction de Daphnis et Chloé, par Anse de Villoison. Nous la rapporterons ici, vu sa beauté.
« *Ver jam desinebat et œstus oriebatur omniaque vigebant. Arbores fructibus, campi segetibus lœti : suavis cicadarum strepitus, grata pomorum fragrantia, jucundus quoque ovium balatus. Putasses flumina sensim labentia modulari cantum, et ventos qui pinus inflabant, fistula canere; poma amore capta humi decum-*

bere., solemque venustatis et formæ amatorem omnes suas vestes exuere. »

(2) Il y a dans l'original *strophium*, l'équivalent du grec *tainidion*, qui veut dire une large bandelette que les femmes grèques attachaient autour de leur poitrine, au moyen de laquelle elles conservaient ce qu'elles voulaient cacher, tels que des tablettes où se trouvaient les propos tendres de leurs amants, leur stilet ou *graphion*, les fruits et les fleurs qu'elles recevaient. Ainsi Martial dit dans ses *Xeniæ* : « Heureuse bandelette, resserre le sein naissant de ma maîtresse, pour que ma main y trouve quelque objet dont elle puisse s'emparer. »

LES ÉTRENNES.

Enfin les destins me favorisent, et Vénus me sourit autant que je puis le desirer. Il m'est donc donné de converser avec toi au milieu des plus douces étreintes, sans qu'aucun importun viène troubler mes transports? Ah! Pancharis, dis-moi, dans le desir où je suis de connaître quel sera mon sort, si tu approuves sincèrement ces soins, ce zèle, cette constance enfin que je t'ai vouée pour la vie. Romps ce trop long silence que tu me gardes : je suis prêt à tout entendre, soit que tu veuilles mon bonheur ou mon supplice. Quoi! tu hésites encore? Il m'importe cependant que tu écartes aujourd'hui toute réserve, pour que je connaisse enfin quel sera mon sort. Pourquoi toujours établir de nouveaux traités, et rompant le lendemain ceux que tu avais faits la veille, te parjurer ainsi sans avoir égard à ta parole? Paye-moi donc aujourd'hui de retour, et que tes faveurs soient proportionnées aux maux que m'occasionnent tes délais. Ah! je vois enfin écrit sur ton front le terme de ma souffrance; j'y lis mon bonheur au milieu des douces émotions que l'amour excite en ton ame. Quelle volupté est la mienne, maintenant que j'ai des indices certains de n'avoir pu te déplaire! Enfin tes lèvres mettent le comble à mon espoir, en m'annonçant que tu veux bien me rendre le plus heureux mortel. Ah! loin de nous toutes raisons qui pourraient encore faire différer nos jouissances. Que ma bouche les presse ces lèvres humides, dont l'incarnat surpasse celui de la rose, ces lèvres qui me versent un nectar d'une saveur plus agréable que le miel récemment coulé des ruches de l'Attique. Mais quelle est cette âcreté qu'elles me laissent, et ce feu qu'elles ajoutent à celui dont j'étais déjà consumé?

Oui, reçois-moi dans ton sein, nourris-
moi de ta douce haleine, et que tes accents
répondent à la vivacité de mes transports !
Quelles larmes de volupté humectent mes
yeux (1), lorsque, penchant ton cou
d'albâtre sur le mien, tu m'élèves par tes
caresses au rang des dieux ! Quelle est
mon ivresse, lorsqu'assise sur mes ge-
noux, et m'abandonnant les lis de ton
beau sein, tu me serres d'un bras amoureux, qui, croisant mon cou, me fixe
encore plus sur eux ! Je succombe sous
l'excès de la jouissance, comme si un
froid poison pénétrait tous mes sens. Mon
ame, fatiguée de son bonheur, semble
fuir alors ; mais c'est pour revenir d'autant plus vîte, que tes baisers humides
et tes morsures passionnées la rappèlent
plus souvent. Ah ! puisque je suis arrivé
au terme de mes peines, et que je n'ai
plus que le bonheur à goûter, vivons
sous les auspices les plus prospères. Ban-
nis tout motif de crainte, et laisse à mon
ardeur à réaliser en toi les sentiments

que tu m'inspires ! O pudeur ! en vain tu voudrais encore opposer quelques obstacles à mes transports. Tu es belle, Pancharis, mais combien tes charmes brilleraient encore plus, si cette tunique importune s'entr'ouvrait au gré de mes desirs ! Cède donc à ma prière, et qu'aucun voile ne me cache ceux qui peuvent encore plus satisfaire ma vue. Des appas dont s'enorgueillirait la belle Cythérée pourraient-ils emprunter quelques avantages de la gêne où ce fin lin (2) les retient? Lumière de ma vie, le feu d'amour me consume; confondons nos ardeurs, si ta flamme égale la mienne ! O Vénus ! seconde mes efforts, pour que, dans la langueur imprévue où je me trouve, je puisse encore lui survivre ! Pancharis, laisse-moi semer les baisers les plus brûlants sur tes yeux, tes joues, tes lèvres, et même sur ton sein. Ah ! en vain je cherche un aliment à de nouveaux transports dans la honteuse nullité où me met l'excès de mon amour !

Sort funeste! plutôt périr que rester dans une telle inertie au moment où tout me favorise! Hélas! je reste immobile comme si j'éprouvais le pouvoir de la froide ciguë, et tout secours est nul pour moi. Oui, certes, je suis sous l'influence de quelques charmes (3). Pardonne-moi ce retard, ma chère; encore quelque temps, et, hors de son atteinte, je n'en serai que plus ardent à mériter la palme à une seconde attaque.

---

(1) Il y dans l'original *quam nunc molle natant oculi cervice reflexa*. Nous sommes loin de croire que notre version rende le *molle natant* des auteurs latins : cette expression est une beauté de langage qui ne peut passer dans aucun autre. Cet état des yeux est un certain éclat humide dans lequel l'œil semble nager. Pétrone les désigne sous les noms de *mobilis oculorum petulantia*, et Apulée sous ceux de *oculi udi et tremuli*. Ce sont ces yeux qu'Anacréon demandait

au peintre de bien rendre sur le portrait de sa maîtresse, quand il voulait qu'ils fussent humides d'amour comme ceux de Vénus; yeux passionnés que Praxitèle, si l'on en croit Lucien, avait su conserver sur le marbre à sa Vénus de Gnide.

(2) Il y a dans l'original *coa*, qu'on pourrait rendre en notre langue par le nom de gaze. Au dire de Pline, ce tissu si léger, qu'on faisait dans l'isle de Co, fut employé pour la première fois à Rome par Pamphila, qui ainsi montrait tous ses charmes, sans cependant blesser l'usage reçu, quant à la forme du vêtement. Ce moyen de faire valoir en elle les dons de la nature lui réussit tellement, que bientôt les courtisanes distinguées y eurent recours, et successivement les dames romaines; car la mode, à Rome comme partout, a toujours suivi cette marche. Varron désignait ce genre de vêtement sous le nom d'habit de verre, *vitrea vestis*, et Pétrone du vent tissu, *textilis ventus*. Cette espèce de gaze était faite d'une soie la plus fine, qu'on teignait en pourpre avant de la travailler. Les bailladères de l'Inde conservent ce vêtement, qui, par l'art dont il est disposé sur leur poitrine et leur tête, relève singulièrement leurs charmes quand elles dansent.

(3) On a cru autrefois, et l'on croira encore sans doute dans la suite des temps, car dans ce bas monde les peuples passent successivement du savoir à l'ignorance, et de l'ignorance au savoir, on a donc cru que par des conjurations et certaines formules, on pouvait opérer des effets merveilleux qui n'entraient pour rien dans l'ordre ordinaire des évènements. Ces moyens furent nommés charmes, *carmina*, et leurs vertus étaient telles, dit Virgile dans sa huitième Eclogue, qu'ils pouvaient faire descendre la lune du ciel. On rapporte aux charmes tout ce qu'on a inventé sous le titre de philactères, de ligatures, de maléfices, et généralement ce que l'ignorance a nommé sort. Cette croyance des païens a passé aux chrétiens, qui l'ont propagée par esprit d'intérêt; car l'on ne propage rien sans ce premier mobile de toutes les actions humaines. Entre de nombreux exemples de faiblesse sur ce point, nous citerons ce qui arriva en France du temps de la Ligue. Les forcenés de ce parti, les ministres même de l'évangile allèrent jusqu'à faire de petites images de cire qui représentaient Henri III et le roi de Navarre. Ils les plaçaient sur l'autel où ils faisaient le plus auguste de leurs sacrifices; puis après la consécration, ils les pi-

quaient de petites aiguilles quarante jours consécutifs, et le quarantième ils les perçaient au cœur, imaginant que par ce moyen, qu'ils accompagnaient de prières, ils procureraient la mort à ces princes, leurs ennemis. On brûlait, dans les derniers siècles, les insensés qui, tels que ceux-ci, étaient regardés comme sorciers ; on ne sait trop qui méritait le plus le châtiment, de ceux qui l'ordonnaient ou de ceux qui le subissaient.

LA PRIAPÉE.

O Priape, fils et compagnon du joyeux Bacchus, toi que la déesse de Paphos mit au monde dans les riants bosquets de Lampsaque (1), à qui les habitants de Lesbos et de Thasos portent l'encens le plus pur, et qu'Hypèpe (2) invoquait récemment encore en immolant un ânon sur tes autels; viens à mon aide, dieu vermeil des jardins, toujours agréable aux Dryades (3); reçois favorablement les prières que je t'adresse. Je t'ai récemment brûlé les plus belles larmes que donne l'arbre odoriférant de la Sabée; aussi ne viens-je point à toi avec des mains souillées d'un sang corrompu. Hélas! ils furent nuls pour moi, ces présents dont je te fis dernièrement l'hommage, tant mon inertie m'a rendu odieux à moi-même. Ainsi, quoique je fusse encore imbu de la puissante vertu de la roquette (4), mes moyens pour arriver au bonheur n'en furent pas plus efficaces. Croyez désormais à tout ce que vous disent les philosophes sur le pouvoir des plantes ! la roquette, loin d'animer mon ardeur, n'a fait que l'éteindre. Ainsi, cette vigueur dont j'étais si fier, s'est évanouie au premier choc, et, à ma honte, j'ai resté nul sur la couche où m'attendait le vrai bonheur. O dieu dont la bonté est l'essence, si l'on peut me faire un crime de cette faute, au moins accorde-moi promptement les moyens de la réparer. Oui, cette faute est involontaire ; c'est l'excès de mon amour qui m'a rendu coupable. Pardonne-moi, je t'en conjure ; ne mets plus désormais d'obstacles à l'exécution de mes vœux, et lorsqu'un fortuné hasard me frayera de nouveau le chemin à la volupté suprême, fais que mes efforts pour y parvenir, déployés avec plus d'énergie, soient couronnés du succès, afin que je puisse enfin cein-

dre glorieusement ma tête d'un rameau
verd de lentisque. Reconnaissant de ton
bienfait, je sacrifierai un bouc sur ton
autel, et je verserai sur la victime le lait
d'une brebis de deux ans. Bien plus, j'ornerai ta tête et ton phalle (5) d'une couronne tissue de violette et de houblon.

---

(1) Au dire de Diodore et d'Apollonius, Priape
était fils de Bacchus et de Vénus. Ayant glorieusement terminé la guerre de l'Inde, ce dieu vint
à Lampsaque, près l'Hellespont, où la déesse
était restée pour y faire ses couches. Junon, toujours ennemie de la race de Sémélé, s'y trouva
pour secourir Vénus au moment où elle accouchait, et touchant l'enfant au passage, elle le rendit si difforme, que sa mère, ne pouvant endurer
sa vue, le laissa à Lampsaque, où il fut éduqué.
L'enfant grandit peu ; mais comme la nature ne
perd jamais de ses droits quand elle est contrariée dans ses plans de développement, ce que
les autres parties ne purent avoir d'accroisse-

ment, celle qui caractérise la masculinité les reçut. Aussi le petit dieu se rendit-il bientôt recommandable auprès des Lampsaciennes, qui faisaient volontiers le sacrifice de ce qui aurait pu récréer leur vue, pour obtenir la possession de ce qui devait agréablement affecter un meilleur sens. Les maris, mécontents du trouble que versait dans leur ménage ce rabougri d'étalon, sur qui la colère de Junon s'était assouvie tout à leur désavantage, le chassèrent bientôt de leur ville. Le hasard voulut que quelque temps après les Lampsaciens fussent attaqués d'une maladie inquiétante, pour laquelle on alla consulter l'oracle de Dodone. L'oracle, comme s'il se fût entendu avec les femmes, dit qu'il fallait au plus vite rappeler l'exilé; et les maris rappelèrent l'exilé pour être guéris de leur maladie. Ils firent plus, ils lui élevèrent des chapelles, lui offrirent des sacrifices, et en firent le dieu de leurs jardins. Aujourd'hui nous n'avons point de chapelles à Priape, à moins qu'on ne regarde comme telles, chez les belles du jour, les lieux solitaires d'un appartement, que le luxe orne de tout ce qui peut activer la passion de l'amour, et où un tiers est toujours de trop quand elles s'y rendent pour le culte auquel il est destiné.

(2) Ville de Lydie, qui, au dire de Strabon, s'offrait sur les coteaux du Tmole, vers les prairies du Caystre. Cette ville était consacrée à Vénus, à raison de la beauté des femmes qui l'habitaient. On y sacrifiait tous les ans un ânon au luxurieux dieu des jardins, et à ce sujet quelques mythologues disent que Priape étant sur le point de faire violence à Vesta, au moment où elle était endormie, l'âne de Silène se mit à braire, ce qui éveilla la déesse, et prévint le plus grand des malheurs. Mais soit qu'on adopte cette anecdote pour rendre raison du choix de la victime, ou qu'on le rapporte à la bonne disposition d'organes dont jouit le solipède, Ovide, dans son sixième livre des Fastes, n'en reprend pas moins les Lampsaciens à ce sujet. On pourrait croire de prime-abord que cette Priapée est prise de Pétrone; mais il suffit de comparer les originaux l'un à l'autre, pour voir combien les deux pièces sont dissemblables : le mètre de l'auteur ancien est de six pieds, et celui du moderne est élégiaque; les idées d'ailleurs sont plus développées dans ce dernier.

(3) Nymphes qui faisaient leur séjour dans les bois : leur nom est dérivé de *drus*, qui veut dire

chêne. Ces demi-déités présidaient aux bois et à chaque arbre de leur enceinte : les législateurs les avaient imaginées pour empêcher le peuple de détruire trop vîte les forêts. Pour couper les arbres, dit Noël, il fallait que les ministres de la religion déclarassent que les Nymphes les avaient abandonnés. Le sort des Dryades était plus heureux que celui des Hamadryades ; elles pouvaient errer en liberté, danser autour des chênes qui leur étaient consacrés, et survivre à la destruction des arbres dont elles étaient les protectrices. Il leur était même permis de se marier : Euridyce, femme d'Orphée, était une Dryade. La destinée des Hamadryades dépendait de celle des arbres qui les recelaient, et c'est ce que désignent les deux premières syllabes *ama* de leur dénomination. Cependant elles n'en étaient pas inséparables, puisque, suivant Homère, elles s'échappaient pour aller dans les grottes sacrifier à Vénus avec les Satyres, et que, selon Sénèque, elles quittaient leurs arbres pour venir entendre les chants d'Orphée.

(4) Plante du genre des crucifères, dont la propriété spermatopoïétique a été reconnue des temps les plus anciens : aussi Martial l'ap-

pelle-t-il *herba salax*. En parlant d'elle Virgile dit :

. . . . *Venerem revocans eruca morantem*.

Ce qu'a rendu l'école de Salerne dans le vers suivant :

Excitat ad venerem tardos eruca maritos.

Il était d'usage chez les Milésiens de machotter quelques feuilles de cette plante avant d'aller en bonne fortune, comme nos petits suffisants, en pareil cas, ont toujours à la bouche des pastilles de musc et d'ambre, pour que leurs haleines et leurs moyens soient plus recevables.

(5) On peut voir dans les *Elegantiæ latini sermonis* les différents noms de cette partie que déifièrent les plus anciens zélateurs du culte de Paphos. Nous adoptons celui-ci comme plus digne du respect que l'on doit à l'instrument qui répare le vuide que font à chaque génération le fer et le feu employés par les hommes pour donner un effet meurtrier à leurs passions. De tout temps il a été tellement en vénération dans les Indes, et l'est tellement encore aujourd'hui,

que beaucoup de femmes, par dévotion, comme les Romaines d'autrefois, le suspendent encore en bijou à leur cou. Celles qui sont stériles portent la croyance au point de l'aller baiser aux vieux fakirs qui courent nus par les rues. Le dieu qui avait cette partie si bien conditionnée, était beaucoup vénéré chez les Grecs. Ses chapelles étaient toujours dans des jardins et des vergers : on arrachait autour toutes les broussailles et les herbes parasites; on lui offrait des pommes, des fruits variés, du lait, et de l'orge torréfié. Les fiancées allaient s'asseoir sur son giron le jour de leur mariage, et le lendemain elles lui offraient autant de verges de saules qu'elles avaient essuyé d'assauts amoureux. On voyait dans ses chapelles beaucoup de tableaux votifs en mémoire de guérisons d'enchantemens opposés à la consommation du mariage, et alors les femmes couronnaient son phalle de différentes fleurs. J'ignore à qui l'on doit l'épigramme qui suit ; elle désigne la punition dont le dieu menaçait les voleurs et quiconque ravageait les jardins dont il était le gardien.

Femina si furtum faciat mihi virque puerque,
Hæc cunnum, caput hic, præbeat ille nates.

L'ÉPISODE.

Les dieux, si justes dans leurs largesses, n'accordèrent les vains songes aux mortels que pour les faire jouir encore la nuit des apparences qui eurent leur réalité le jour. Ainsi arrivent, s'éloignent et reviènent tour-à-tour les espèces impresses de chaque chose; mais ce sont des ombres qui manqueraient sous la main si l'on cherchait à les toucher. O sort favorable, qui, jouant ainsi les hommes sous l'image de la vérité, leur adoucis les maux les plus graves, quelle consolation n'apportes-tu pas aux amants affligés des rigueurs de leurs belles? Ainsi, par toi, l'homme plongé dans la nullité du sommeil, jouit néanmoins, dans son illusion, de l'objet de ses vœux, en s'abandonnant tout entier à son bonheur. O songe heureux! quelle volupté tu me laisses encore lorsque je me rappèle les ruses que je tentai à l'égard de ma belle ! Ah ! qu'une pareille nuit se renouvèle, et je serai au comble de mes vœux ! Que le philosophe cherche la cause d'un aussi singulier phénomène ; plus sage que lui, je nourrirai mon ame de son doux souvenir. Puissent les dieux réaliser l'heureux présage que cette nuit vient de m'offrir, si dans le sommeil ils récompensent ainsi ma constance ! Pancharis, je te ferai part, en peu de mots, de cette félicité pure que je goûtai quand, dernièrement que le soleil éclairait l'autre hémisphère, j'étais sous le pouvoir d'un sommeil le plus profond. Amour, convertis désormais en réalité de pareilles illusions ! Si tu te refuses à ma prière, ramène-moi au moins ces chimères, et avec elles tous leurs charmes. Tu m'apparus à l'ombre d'un hêtre touffu ; un gazon émaillé de fleurs était ton siége : c'était le printemps, saison où les champs, revêtus de leur plus belle parure, nous sourient joyeusement de toute part, et résonnent du chant varié des oiseaux qui font parler les forêts. Autour de toi, l'yeuse aux rayons de miel, et l'orme à l'épaisse chevelure, tempéraient, par leur feuillage, la chaleur d'un soleil brûlant. L'eau d'un plaintif ruisseau, formant, à travers la saussaye, différents contours, se rassemblait en plusieurs bassins, dont le frais crystal invitait à s'y plonger. La transparence en était telle jusqu'au fond, qu'à travers brillait le cailloutage que naguères le courant y avait amené. Éprise des charmes d'un aussi beau lieu, tu gagnas bientôt le bord de l'onde. Ainsi me favorisa l'Amour dans cet heureux sommeil. Dès que je me doutai de ton dessein, je me cachai dans le tronc d'un saule rongé par les ans. Déjà sans voile, et presque nue, il ne te restait que le fin lin qui couvrait tes appas les plus cachés : il était encore de trop pour moi, quoiqu'un léger zéphyr l'agitât souvent à mon gré, lorsqu'ignorant ma présence, tu le laissas tomber à tes pieds. Oh! que de beautés vinrent alors frapper mes yeux! quelle délicatesse, quel éclat dans ces contours que le ciseau seul de Phydias (1) eût pu imiter! Combien de fois, dans l'ardeur où j'étais, n'ai-je pas voulu sortir de ma retraite pour profiter de l'occasion d'un bonheur si inespéré! Je réprimai cependant mon desir dès que je te vis t'approcher de l'élément qui allait posséder tous ces trésors. Ondes paisibles, quel dut être votre bonheur en caressant de si beaux appas, et revenant plusieurs fois sur eux! Ils brillaient à travers la vague tremblante comme des lis récemment épanouis qui seraient cachés sous le verre le plus pur. Cependant l'Amour, dont je me suis fait la loi de suivre les ordres, quelque rigoureux qu'ils soient, m'avait déjà inspiré ce qu'il fallait faire. Ainsi, aussitôt nu, je m'avance sous les eaux, et bientôt, avec raison, tu devins ma proie. «Me voici, m'écriai-je; non, cruelle, tu ne

pourras te sauver de mes bras. Je brûle
que mes feux ayent une récompense qui
égale leur constance; oui, qu'ils l'ayent au
plutôt. N'apporte aucun obstacle à mes
tentatives, ici où l'ombre de ces saules
nous est si favorable. Ah! insensée, tu
ignores, et tu pourras les ignorer encore
long-temps; ces plaisirs qui accompagne-
raient un choc qu'on tenterait sous les
eaux. Ça donc, essayons ce genre d'attaque, qui, s'il est nouveau pour nous, ne
l'est pas pour les Tritons et les Néréides.
Je viens ici comme guerrier, et je n'en
partirai point sans avoir tenté les moyens
qui me promettent la victoire : déférons-
en sur ce point à l'Amour. » Sans plus
tarder, j'allais profiter de l'heureuse circonstance que m'offrait Vénus, lorsque je
m'éveillai en sursaut; et ainsi, avec mon
songe, disparut cette volupté qui fascinait
déjà mes sens absorbés sous le pouvoir
de l'illusion. Quoi! la nuit comme le jour
je serai contrarié, par mon inique étoile,
et Vénus ne viendrait pas à mon aide?

O Morphée (2) ! je te voue une tige de pavots encore chargée de l'humide rosée du matin, si tu daignes être favorable à mes vœux. Ainsi, quand les prestiges du sommeil ramèneront ma maîtresse à mes sens qui veillent toujours pour elle, qu'entièrement à mon pouvoir, elle éprouve avec moi tous les effets de mon illusion ; que favorisant mon ardeur, elle réponde à toutes mes caresses ; mais qu'aucun importun ne viène alors frapper à ma porte !

———

(1) Athénien qui eut Charmidas pour père. Il florissait en la quatre-vingt-troisième olympiade. Il eut pour maître Éladas d'Argos. Ses ouvrages les plus vantés furent sa Minerve et son Jupiter Olympien. Cette dernière statue d'or et d'ivoire, haute de soixante pieds, passait pour une merveille du monde. Elle semblait avoir ajouté à la religion des peuples, tant la majesté de l'ouvrage égalait celle du dieu. On trouve dans l'Aristippe de Wiéland, des notions in-

téressantes sur cet article et sur d'autres en son genre.

(2) On dit Morphée fils du Soleil et de la Nuit. On lui a donné son nom, qui dérive de *Morphè*, figure, parce que le plus léger de tous les songes, il est aussi le plus habile à représenter les traits et la voix de ceux qu'il rappèle à la mémoire. Ce songe est toujours représenté sous la forme humaine, ayant des aîles de papillon qui expriment sa légèreté, et en main un pavot avec lequel il touche ceux qu'il veut endormir. Il habite, avec son père et ses nombreux frères, dans le pays des Cimmériens, au fond d'un antre impénétrable aux rayons du soleil, à l'entrée du quel est le fleuve d'Oubli, qui humecte les plantes somnifères dont la Nuit vient recueillir les sucs assoupissants pour les répandre sur la terre.

LA SOLEMNITÉ.

Pancharis, elles reviènent dans six jours, ces fêtes de Cérès, où les filles seules, la tête couverte d'un voile blanc, à franges de différentes couleurs, doivent se présenter à l'Hiérophante (1). Tu iras, sans doute, porter ton offrande sur ses autels, et tu me laisserais dix aurores privé de ta présence! Quelle est donc cette divinité, ennemie de nos plaisirs, qui vient ainsi traverser nos plus belles espérances au moment où tout contribuait à vouloir les réaliser? Quels que soient ses titres, elle est à mes yeux plus vile que l'algue noire que jètent sur le rivage les flots courroucés de l'Égée. Eh! de quelle utilité pourront nous être ces hommages et cet encens que tu t'apprêtes à brûler en suppliante, pour que tu mettes tant de hâte à suivre ceux qui se rendent à son bois sacré? A quoi bon ce beau froment et ces gâteaux que tu te disposes à lui offrir. Ah! reste plutôt au logis, je t'en conjure, et n'accompagne point ta mère à cette auguste cérémonie, au moment où nous avons ici des offrandes plus agréables à faire. Vénus nous appèle, et son fils se joint à elle pour nous inviter tous deux à sacrifier sur leurs autels. Dis-moi si, nous reposant dans les bois silencieux de Cragon (2), près de la source agreste d'une eau jaillissante, et qu'animés par le concert des oiseaux, nous rendions témoins de nos ardeurs les arbres de ce sacré côteau; si, pendant que tu repais mes yeux de tes charmes les plus cachés, mes lèvres amoureuses humaient l'ambrosie qui s'échappe des tiennes; si enfin, ayant trouvé le chemin le plus sûr pour arriver à la volupté suprême, nous succombions, absorbés par elle, pour reprendre une nouvelle vigueur, et la perdre encore sous de nouveaux efforts; réponds-moi, une pareille jouissance serait-elle blâmable à tes yeux? serait-elle pour toi une raison de craindre la colère des cieux? Ne sommes-nous pas nés de ce feu que Prométhée déroba du ciel pour nous donner le sentiment (3)? Oui, sans doute; et son ardeur, toujours en vigueur, est encore loin de se ralentir en nous. O mon amie! la voix impérieuse de la nature ne saurait nous attirer dans la route de l'erreur. Celui qui meut et gouverne ce vaste univers par les forces que lui seul connaît, ne s'occupe point des petits moyens qu'il a une fois mis en jeu, ayant par-tout placé des ressorts pour faire aller les rouages de la manière la plus convenable à ses desseins (4). Ainsi, soumis à ses décrets, pensons plutôt à porter notre hommage à l'Amour, pour qu'il consolide nos feux. Laissons à l'ambitieux le plaisir de se repaître des vains honneurs, et à l'avare, qui n'a aucune notion sur le vrai bien, celui d'accumuler richesse sur richesse. Le philosophe, qui, avide de savoir, fixe toute son attention sur l'essence des choses, la cause du mouvement qui les fait agir, qui cherche comment elles ont formé ce grand univers, n'est-il pas au fond un insensé qui se nourrit de chimères, puisque le secret après lequel il soupire, est caché dans la nuit la plus profonde. Ainsi, quel que soit le récit des poëtes qui se disent inspirés des dieux, n'ajoutons pas toujours foi à ce qu'ils nous disent sur les ombres et les divinités du Styx. Cherchons à faire notre Élysée ici-bas, où nous pouvons avoir la conviction de notre bonheur (5); et, pendant que les Parques au teint basané filent nos jours, multiplions les genres et les occasions de nos plus agréables jouissances (6).

---

(1) L'Hiérophante était le souverain prêtre du temple de Cérès; lui seul avait les connaissances des mystères les plus sacrés de la déesse, et ne les révélait en partie qu'à ceux qui avaient été préparés par de longues épreuves. Ainsi il

initiait dans les Éleusinies, ceux qui, par un noviciat suivi, avaient mérité cette faveur Il prenait le titre de prophète; il était derrière la statue de la divinité, quand on la portait dans les processions et autres cérémonies religieuses. Il était toujours vêtu du plus fin lin, symbole de sa candeur; son nom lui vient d'*ieron*, sacré; et de *phaïnein*, montrer. En quelque lieu qu'on pratiquât le culte de la déesse, l'Hiérophante devait être Athénien, de la famille des Eumolpides, et d'un âge mûr, pour mieux garder la continence.

(2) Ce bois, au milieu duquel s'élevait un temple, était sur le côteau d'une montagne d'Héraclée; il était séparé de la caverne d'Endimion par une vallée.

(3) On peut voir, et l'on verra avec plaisir à ce sujet, le morceau piquant de Lucien, qui a pour titre *Prométhée*, ou le Caucase.

(4) Cette assertion est bien éloignée de celle que dicte la pieuse croyance des dogmes du christianisme; mais, l'auteur ayant adopté dans son ouvrage, les principes de l'épicuréisme, on ne doit plus attendre de lui, que des expres-

sions qui se concilient avec ce système. Bien avant lui, *Lucilius Junior* avait dit dans son poème sur l'Etna :

> . . . . *Non est tam sordida divis*
> *Cura neque extremas jus est demittere in artes*
> *Sidera : seducto regnant sublimia cœlo*
> *Illa ; neque artificum curant tractare laborem.*

(5) L'Élysée est une fiction qu'a conçue l'homme qui cherche à se survivre à lui-même, pour éloigner de lui la désolante idée de son entière destruction. Le malheureux y trouve un avenir qui le dédommage des maux où le plonge la misère ; et celui qui nage dans l'opulence, l'espoir de goûter encore après sa mort, des plaisirs comparables à ceux qui lui rendent son existence sur terre aussi agréable qu'elle peut l'être. Rien de plus beau que ce séjour, à entendre ceux qui n'y ont point été et qui, sans doute, n'iront jamais ; « Il y règne un printemps éternel ; l'haleine des vents ne s'y fait sentir que pour répandre le parfum des fleurs. Le soleil et les astres, autres que ceux que nous avons ici, n'y sont jamais voilés de nuages. Des bocages embaumés, des bois de rosiers et de myrtes couvrent de leurs verds rameaux les ombres qui

s'y promènent au frais. Le rossignol a seul le droit d'y chanter ses plaisirs, et il n'est interrompu que par les voix touchantes des grands poètes et des musiciens les plus célèbres. Le Léthé y coule avec un doux murmure, et ses ondes y font oublier les maux de la vie. Une terre riante y renouvèle ses productions trois fois l'année, et présente alternativement ou des fleurs ou des fruits. Là, point de douleur, point de vieillesse ; on y conserve éternellement l'âge où l'on a été le plus heureux, et l'on y goûte encore les plaisirs qui avaient flatté pendant la vie. L'ombre d'Achille y fait la guerre aux bêtes féroces, et Nestor y conte ses exploits. De robustes athlètes s'exercent à la lutte ; des jeunes gens dans la vigueur de l'âge, s'élancent dans la lice, et des vieillards joyeux s'invitent réciproquement à des banquets. Aux biens physiques se réunissait l'absence des maux de l'ame ; l'ambition, la soif de l'or, l'envie, la haîne et toutes les viles passions qui agitent les mortels, n'altèrent point la tranquillité de ceux à qui ce séjour a été accordé ». Hésiode et Homère ont placé l'Élysée à l'extrémité de la terre, sur les bords de l'Océan, et Pindare, aux isles Canaries, qu'on soupçonnait déjà de son temps, les désignant sous le nom d'Isles Fortunées.

(6) Si l'on en croit l'histoire, il n'était point de ville dans les colonies grèques, où ce conseil fût mis plus en exécution que dans la ville de Milet. La Volupté y avait de nombreux autels. Chaque citoyen Sybarite, selon ses moyens, ne travaillait dans cet agréable lieu, que pour se procurer les jouissances du jour, sans penser au lendemain. Tous, n'ayant en vue que le plaisir, honoraient Vénus agissante, et ne lui portaient d'autres offrandes, que le desir d'éteindre leurs feux dans les bras de ceux ou celles qui les avaient fait naître. Un grand nombre de siècles se sont écoulés depuis cette époque jusqu'à celle de nos jours, où l'on retrouva le même culte établi dans l'isle d'Otahéity et autres de la mer du Sud.

LA RÉCOMPENSE.

Enfin, Zoroas, cédant à tes desirs, et donnant pour raison une douleur aiguë, que je feindrai avoir, j'espère me dispenser d'aller aux fêtes de Cérès. Quant à toi, pour que rien ne dérange nos projets, il convient que tu sois du nombre de ceux avec qui ma mère entreprend ce petit voyage; mais fais ensorte, surtout, que tu précèdes les autres dans leur retour, donnant pour raisons celles que tu croiras les plus propres à cacher le bonheur qui nous attend. La fidèle Lycinne, que mes largesses m'ont attachée, te conduira vers moi, si tu mets de l'exactitude à suivre mes conseils. Confie actuellement ta barque aux hasards de la navigation, et déferle aux vents qui te sont propices, ménageant toutefois la voile, crainte d'une tourmente imprévue. Ainsi, sous la sauve-garde de ma suivante, nous serons toute la nuit aux jouissances que nous promettent nos feux toujours renaissants. Aucune langue méchante ne pourra divulguer les libations que, sous les plus heureux auspices, tu pourras faire sur l'autel de l'Amour. Hélas! jusqu'ici je ne t'ai donné que trop de preuves de mon dévouement; mais je n'en suis que plus inquiète sur la sincérité de tes serments. O Amour! sont-ce là ces plaisirs que tu promettais à ma flamme? Ce n'est point la paix qu'elles m'apportent, ce sont les inquiétudes les plus cruelles. Mais pour quelles raisons croirais-je tes paroles plus légères que la feuille qui, récemment détachée de sa branche, est le jouet du moindre vent? Quoi! un amour si bien avoué cacherait-il le mensonge? Loin de moi cette idée qui détruit tout mon bonheur! Tes serments ont été trop sincères pour que je nourrisse encore sur eux le moindre soupçon. La confiance est si prompte à naître chez ceux qu'elle favorise, qu'une fois établie, elle se détruit difficilement; et à cet égard, tes connaissances, ton esprit et la douceur de tes accents ont eu sur mon cœur leur plein pouvoir. Actuellement que la circonstance favorise nos ardeurs, et que la déesse de Cythère nous appèle à une moisson imprévue de plaisirs, je me repais de la douce croyance que nos jouissances ne seront point troublées par aucun importun. Près de toi seul je puis trouver le bonheur (1). Viens donc réaliser mon espoir, ô meilleure partie de mon être ! viens au plutôt reprendre tous tes droits sur moi. Oh! quelles paroles mes lèvres viènent de laisser échapper; jusqu'où m'a entraînée mon ivresse ! Quoi ! je vais succomber sous ton pouvoir ? Malheureuse ! toute pudeur m'abandonne dans l'oubli de moi-même où je suis, et je n'ai de secours a espérer que dans mon vainqueur. Un feu inconnu me brûle partout où il porte son action; tu es la cause de mes maux, apporte-leur donc le remède.

Ah! viens au plutôt; et que l'Amour favorise ton retour, comme Vénus tes succès.

---

(1) Ici trouvent naturellement leur place, ces élans de cœur, où la tendre Sapho exprime la violence de son amour, dans un morceau plein de feu, sauvé du naufrage des temps.

    Heureux qui près de toi pour toi seule soupire!
    Qui jouit du plaisir de t'entendre parler!
    Qui te voit quelquefois doucement lui sourire!
    Les dieux, dans son bonheur, peuvent-ils l'égaler?
    Je sens de veine en veine une subtile flamme
    Courir par tout mon corps sitôt que je te vois;
    Et dans les doux transports où s'égare mon ame,
    Je ne saurais trouver de langue ni de voix.
    Un nuage confus se répand sur ma vue;
    Je ne sens plus; je tombe en de douces langueurs,
    Et pâle, sans haleine, interdite, éperdue,
    Le frisson me saisit... Je tremble... Je me meurs.

L'OBSTACLE.

Ruisseau à qui la fontaine Limniade donna naissance de son roc sourcilleux, pourquoi, naguères si clair dans ton lit, cours-tu aujourd'hui si trouble en répandant au loin tes eaux écumeuses ? Ah ! je t'en prie, ralentis ton emportement. Tu étais bien chétif précédemment ; je me le rappèle, et d'un saut je trouvais sur toi un facile passage. Ceux que favorisaient des circonstances pareilles aux miennes, n'avaient également aucune plainte à te faire. Actuellement, dans ton cours précipité, tu n'offres que dangers à celui qui voudrait te traverser ; et moi, qui suis innocent, je paye pour le crime des autres. Ah ! ne m'envie point un bonheur acheté par tant de peines ; cesse tes menaces, et ne cherche plus pour moi aucune cause de retard. Ma belle m'attend ;

sois-moi propice, accorde à ma prière le
passage facile que j'espère, et répands-
toi au loin après, peu m'importe le dégât
que tu pourrais faire. Ah! cruel, tu t'in-
quiètes peu de l'ardeur qui me consume;
il me semble même que tu en roules tes
eaux avec plus de fracas. D'où me vient
ce surcroît de menaces, ce bruit nouveau, lorsque Vénus me sourit sous les
auspices les plus prospères? Ingrat! est-
ce en agissant ainsi que tu reconnaîtras
mes bienfaits? Et j'aurais tort de me li-
vrer à de justes reproches! Ah! combien
de fois n'ai-je pas éloigné de tes bords les
génisses et les brebis dont tu aurais pu
recevoir quelques outrages? N'ai-je point
souvent retenu ma soif pour ne point te
priver du peu d'eau que tu avais? Ne me
sera-t-il compté pour rien, ce temps que
j'ai employé à humecter le gazon de tes
bords avec l'eau que j'allais chercher à
une fontaine éloignée, craignant que ta
source ne tarisse? Les Faunes se rappèlent les platanes que j'y ai plantés pour
qu'une ombre agréable y maintînt la fraî-

cheur. Combien de fois, afin que ton eau fût toujours claire, n'ai-je point enlevé les branches d'arbres qu'un vent violent y avait fait tomber ? Si ton nom est célèbre ; si l'Ionie, par ses louanges, contribue à ta gloire, tu dois cette faveur à ma Muse, depuis qu'elle t'a chanté comme ayant caressé les charmes de ma maîtresse un jour que, souffrant des ardeurs de la canicule, elle cherchait le frais dans tes eaux. O ruisseau ! cesse donc tes menaces, et ne mets plus d'obstacles à mes vœux. Je vole vers ma belle : ah ! je t'en prie, accorde-moi donc promptement un passage (1).

---

(1) Ce charmant morceau, qu'on a traduit de Métastase, dans toutes les langues vivantes de l'Europe, en prose comme en vers, a fixé l'attention de l'auteur qui l'a disposé comme il l'a cru le plus convenable pour répondre à son sujet. On fera bien de comparer l'original à l'imitateur, pour voir le parti que le moderne auteur en a su tirer, en en faisant passer les beautés dans le style élégiaque d'Ovide.

LA TOILETTE.

Salut, retraite bientôt favorable à mes vœux ; aimable lieu, où la plus belle des nymphes cherche encore à relever ses charmes par ceux de l'art, qu'un bon goût lui suggère ! Quelle douce volupté ici se répand insensiblement sur mes sens ! Tout m'y porte au souvenir de ma maîtresse : cette cithare, qui tant de fois mêla ses doux frémissements aux modulations de sa voix, et qui, tout récemment encore, n'était point insensible aux impulsions de ses doigts, ainsi qu'aux mouvements mesurés de sa touche d'ivoire ; ces roses languissantes, précédemment si suaves au milieu des lis de son sein ; ces vêtements de soie, si éclatants par leur couleur d'écarlate (1) ; ces ceintures et cette aigrette resplendissante qui décore si bien sa tête ; cette aiguille à cheveux sur qui brille l'escarboucle; tout me transporte hors de moi. Voilà ce fin lin qui couvrit ses voluptueux appas, l'écharpe purpurine qui croisa ses épaules, ces liens récemment détachés de sa chaussure de Sicyone. Te voilà aussi, tunique légère qui eus la pleine jouissance de toutes mes délices! oh! dans mon ivresse, que par-tout je te couvre de mes baisers. En vérité, dans l'ardeur qui m'enflamme, je crois déjà être en possession de tous ses charmes. Là voila cette couche de plaisir où, toute craintive dans son injuste pudeur, elle se laissa aller dans mes bras. Ah! ce paisible asyle serait-il le séjour de Vénus ou des Graces, qui viendraient y relever leurs charmes après s'être parfumées d'ambre (2)? Avec quel agrément ces rideaux, ainsi tirés, brisent, par leur pourpre, le trop grand jour, pour que l'œil en soit moins fatigué. L'élégance de ce lieu, la suavité des odeurs qui l'embaument, tout me jète dans l'ivresse, tout m'entraîne à rendre hommage aux aimables divinités qu'il rappèle à ma mémoire. Paraîs, ma bien-aimée, qui te fais si long-temps attendre; paraîs, actuellement que je suis disposé à remplir les doux ordres qu'il te plaira de m'imposer. Déjà le stile solaire (3) m'annonce le temps indiqué, et tu n'es point exacte à ta parole ! Hâte-toi donc, oui, hâte-toi; et, lorsque ma voix t'appèle, viens enfin me dédommager de ton trop long délai. Pourquoi ce plaisir à mêler l'amertume au doux breuvage que tu me prépares; et ainsi, par un trop long retard, nourrir en moi l'ennui qui pourrait amortir mon ardeur. Déjà luit à l'horison l'étoile avant-courière de la nuit; elle semble te blâmer de si peu profiter du moment; et tu n'es point exacte à ta parole ! Paraîs donc, vie de ma vie, pour aussitôt tomber voluptueusement dans mes bras, actuellement que Vénus nous promet le sort le plus prospère. Cacheraient-elles un poison destructeur, ces espérances qui nourrissent et accablent mon ame en mêlant ainsi le fiel à l'ambrosie ? Oui, déjà l'idée de mon prochain bonheur m'ôte la force qui m'est nécessaire pour le savourer. O puissante Cythérée ! sois propice à mes vœux; et si mon ardeur recevait quelque atteinte, donne-moi le courage nécessaire au combat qui m'attend. Si je le commence sous de sinistres auspices, et que la mort me frappe sur l'arêne, reçois aussitôt mon ame, encore ivre de tes faveurs, et, l'ayant échauffée dans ton sein, fixe-la dans les bosquets de Chypre. Qu'il s'élève sur le lieu de son repos un cippe dont l'inscription indique à tout passant, qu'ivre de plaisir, je mourus dans les bras de ma maîtresse.

―――――

(1) Athénée, en citant Stasinus, s'exprime à ce sujet de la manière suivante sur Halicarnasse : « Ce furent les Graces et Zéphyr qui firent ses habits, et les teignirent avec les fleurs printanières telles que les Heures les produisirent,

savoir dans le safran, la jacinthe, la violette toute fraîche, la belle et odorante fleur du rosier, les pétales du lis, les fleurs de narcisses, dont les émanations sont si agréables, ensorte qu'on eût dit Vénus revêtue des habits parfumés de toutes sortes d'odeurs.» La couleur d'écarlate, dont il est parlé dans le texte, est le produit que l'art a su tirer du *coccus tinctorius* ou kermès, sorte de galle-insecte qui vit sur l'yeuse, dans le midi de la France et en Espagne, qu'on ne doit point confondre avec la cochenille, qui nous fut apportée du Mexique après la découverte de l'Amérique, encore moins avec le pourpre des Sidoniens, *coccus*, dont parlent Strabon, Dioscoride et Pline, dans leurs écrits sur les productions de l'Espagne et du Portugal. Ce galle-insecte, qui multiplie prodigieusement, est particulièrement employé dans la teinture en laine.

(2) Ce furent les Perses qui transmirent aux Grecs l'usage des parfums, dont ceux-ci, en Ionie sur-tout, abusèrent par la suite, et tellement qu'ils en répandaient, non-seulement sur leur tête, mais encore sur tous leurs membres. Leurs parfums étaient des huiles fines, imbues du principe odorant des fleurs les plus suaves.

Ainsi Horace, qui aimait beaucoup le jus de la treille, aimait encore plus le nard ; aussi voulait-il changer un excellent tonneau de Massique pour une petite phiole de cette liqueur, ou mieux les partager ; car il s'agissait d'un fin souper où les deux plus grands poètes de Rome devaient fournir leur quote-part. Aujourd'hui encore, vous ne rendriez point visite à un grand de la Perse ou de l'Inde sans en sortir les habits humectés de l'eau de roses qu'on verse sur vous.

(3) Les Grecs furent un des peuples de l'antiquité qui surpassa les autres dans l'art de marquer le cours du soleil et de partager le temps journalier de son mouvement. Anaximène, de Milet, passa pour être l'inventeur de ces moyens, qu'on appela depuis cadrans solaires, *sciatericon*. Ils étaient formés sur un plan, de manière que l'ombre d'un stile tombât sur certains points à des époques déterminées. Depuis, l'on a varié leurs formes en variant les surfaces ; de sorte qu'aujourd'hui il en est d'équinoctiaux, d'horisontaux, de verticaux, de polaires, de directes, des inclinants, de déclinants, etc. L'extrémité du stile droit de tous les cadrans, indique le centre du monde, et conséquemment

le centre de l'horison, de l'équateur, des méridiens. Le plan d'un cadran est supposé éloigné du centre de la terre, d'une quantité égale à la longueur du stile droit. A Athènes et à Rome, il y avait pour la nuit des crieurs publics, dont l'emploi était d'annoncer l'heure qu'ils connaissaient par le moyen des clepsydres ou horloges d'eau ; moyen auquel on avait également recours quand le soleil était caché par un nuage. La clepsydre était encore usitée dans les tribunaux pour mesurer le temps accordé aux accusés pour leur défense. Nos inventions en ce genre, portées au plus haut point de perfection, ne nous laissent aucune raison d'envier aux anciens les leurs, qui sont tombées dans l'oubli, si ce n'est le sablier, *clepsammidium*, encore d'usage dans la navigation, et leurs crieurs, qui, sous le nom de *watchmen*, courent encore la nuit les rues de Londres et de Philadelphie.

LA VEILLÉE.

Oui, Pancharis, me voilà de retour vers toi, toujours brûlant du feu que tu as fait naître, et que l'absence n'a rendu que plus ardent. Entièrement dévoué à tout ce qui peut te plaire, sans doute aussi tu voudras bien me payer de retour. En m'éloignant pour si long-temps de toi, tu ignores les ennuis que m'a valus mon obéissance; mais qu'ils sont compensés par ces étreintes et ces doux aveux qui dissipant tout doute sur ton amour, me dédommagent de toutes mes inquiétudes! Quoi! craignant encore, voudrais-tu opposer de nouveaux obstacles à mon ardeur? Ah! ne refuse pas le prix dû à ma constance. Support de ma vie, l'unique consolation de mes peines, ne me sois point contraire au moment où j'attends de toi le vrai bonheur. Nacelle à l'aide de laquelle je dois aborder aux rives fortunées de Cythère, favorable à mes desirs, conduis-moi vers elles par le chemin le plus court. Je brûle de parcourir les routes inconnues qui me mèneront à l'autel où je dois déposer mon offrande : que les détours les plus cachés s'offrent à mes avides regards. Reçois et rends-moi tous ces baisers que je te donne (1), et, dans nos mutuelles caresses, suivons l'exemple de ces tendres oiseaux à qui la constance de leurs feux valut la faveur d'être attelés au char de Dioné. Oh! quelle agréable odeur d'amome les tiens exhalent! en les cueillant, ils me viènent aussi doux que le rouge nectar que verse la naïve Hébé à la table des dieux (2). Il me semble, en les savourant, goûter le présent que dépose dans sa ruche l'abeille qui vient de se reposer sur le thym de Crète. Ton haleine, s'évaporant comme une douce rosée aux premiers regards du soleil, pénètre jusque dans mes veines, et trouble mes sens : averti par elle du bonheur qui m'attend, ma raison s'égare au milieu des plus vifs sentiments. Que mes bras t'enlacent comme la vigne lorsqu'elle se contourne amoureusement sur l'ormeau ! Oh ! que n'est-il encore pour moi un lien plus serré que celui qu'elle forme sur lui ? Ote cette bandelette, et laisse flotter négligemment tes cheveux sur tes blanches épaules : ainsi errants, dans l'abandon où tu es, ils seront pour moi un nouveau charme. Eloigne-toi, Pudeur, qui voudrais encore me cacher des appas dont mes yeux cherchent à se repaître. O corps qui le disputes en éclat à la neige qui blanchit le sommet des montagnes de Sythonie; sein d'albâtre, que les roses de Cécropie embellissent; autel du dieu d'Amour, qui vas recevoir mon offrande, soyez échauffés par autant de baisers passionnés qu'il éclot de roses dans les verdoyants bosquets de la Sicile. Pendant que l'Enfant ailé, voltigeant sur nous, est tout occupé de notre bonheur, ouvre-moi cette route où tous deux nous pourrons le trouver. Arrête, je succombe : que tes baisers humides me rappèlent à la vie. Ah ! leur ambrosie ajoute une force nouvelle au feu qui me brûle. Tu succombes aussi sous le pouvoir de la volupté que tu savoures. Oh ! reviens à cette ardeur qui pourrait encore soutenir nos ames défaillantes. N'entendrais-tu pas la voix encourageante du dieu de Paphos ? resterais-tu insensible comme le marbre de Paros à l'impression des flèches à pointes d'or qu'il te décoche ? Tu ne me réponds que par des soupirs ! encore un moment, et, comme lui, je m'enorgueillis du titre de vainqueur. Quelles vives émotions sont les miennes ! à peine puis-je leur suffire. Oui, actuellement que nous savourons à longs traits la coupe de la Volupté, je voudrais exhaler mon ame, nageant ainsi au milieu des plus douces délices. Dieux de l'Olympe, louez les avantages de votre sort, la douceur du nectar qu'on vous verse ; tous ces biens ne sont rien en comparaison des plaisirs dont m'enivre ma maîtresse. Quels faibles accents s'échappent encore de tes lèvres, dans l'oubli où tu restes, me serrant ainsi d'une main qui exprime tes vives émotions. Ame de ma vie ! tu me vois prêt, si Vénus me favorise, à te donner de nouvelles preuves de mon ardeur.

---

(1) Guarini, dans son *Pastor fido*, s'exprime d'une manière plus animée et plus explicative, quand il dit à ce sujet :

Ben è soave cosa
Quel baccio che si prende
Da una vermiglia e delicata rosa
Di bel guancia ; e pur chi 'l vero intende
Come intendete voi
Avventurosi amanti, che 'l provate;
Dirà che quello è morto bacio a cui
La baciata beltà bacio non rende,
Ma i colpi di due labbra innamorate
Quando a ferir va bocca con bocca,
E che in un punto scocca
Amor con soavissima vendetta
L'un e l'altra saetta,

Son veri bacci, ove con giuste voglie
Tanto si dona altrui quanto si toglie.

(2) Le nectar, selon l'étymologie, signifie l'immortalité, le mot provenant originairement de *ne*, négation, et de *cteino*, tuer. Festus est le premier qui l'ait employé pour indiquer la liqueur qu'on versait dans la coupe que vuidaient les dieux. Les poètes, et encore moins les historiens, s'accordent peu sur la composition et la qualité de cette liqueur, comme aussi sur l'ambrosie qui faisait leur nourriture, et qui, dit-on, était fort odorante. Ainsi Homère, sur ce point, dit que quand Junon se para de tous ses attraits pour séduire Jupiter, elle prit un bain d'ambrosie, et se parfuma les cheveux de cette essence. C'est à cette odeur qu'Enée, sur les rives de Carthage, reconnut sa mère, qui, sous les vêtements d'une chasseresse de Sparte, lui ayant donné quelques conseils, comme elle s'éloignait de lui

. . . . *Roseâ cervice refulsit,*
Ambrosiæque comæ divinum vertice odorem
Spiravêre.

Dioscoride et Pline ont ensuite donné ce nom

à la plante qu'on nomme aujourd'hui botrys, qui est un genre fort odorant de *chenopodium*. Quoi qu'il en soit, c'était au nectar et à l'ambrosie que les anciens poètes rapportaient l'immortalité des dieux. Pindare dit que Tantale ne mérita son supplice que parce qu'étant admis à la table de ces souverains, il leur avait dérobé le nectar et l'ambrosie pour en faire part aux mortels.

LA CANTATE.

Puissante reine d'Amathonte, divinité et honneur de la brillante jeunesse, autour de qui voltigent les Jeux et les Ris, toi qu'accompagne toujours le charmant dieu d'Amour, que de graces n'ai-je point à te rendre pour avoir exaucé complètement mes vœux! Permets, dans l'ivresse où je suis encore, que j'effleure les mystères de cette nuit dernière, où Pancharis, toute entière à son ardeur, combla la mienne du plus complet retour. Ah! combien de fois, au milieu de ses transports, sa raison ne s'éclipsa-t-elle pas quand je lui donnais des preuves de ma flamme; et combien de fois ne revint-elle pas à elle, lorsque, prenant quelque répit, je la rappelais à une nouvelle jouissance? O déesse que les amants adorent sous des auspices de plus en plus agréables, écoute les airs que je te module dans le sentiment où je suis de la plus sincère reconnaissance! et toi, aimable Amour, sois-nous désormais propice comme tu viens de l'être ; et, nous souriant avec joie quand nous reviendrons à une nouvelle ivresse, fais que nos jeux ayent cette variété de plaisirs qui ne peut que nous être agréable! Actuellement que ma voix s'exerce en chants de louanges, et que ma lyre accompagne l'air lesbien que j'ai choisi pour vous plaire, paraissez, compagnes du blond Phébus, ô sœurs de la nymphe Harmonie, et, applaudissant à mes sons, recevez tous mes hommages! L'épouse de l'Achéron, témoin de nos transports, le fut également de la douce volupté qui leur succéda; et voulant qu'ils se répétassent souvent, elle éloigna de nous les Songes, enfants aîlés du Sommeil. Que de jeux, que de plaisirs semés et recueillis cette nuit, lorsque, nous pressant de nos bras voluptueusement serrés, nous échangions nos ames pour mieux sentir notre bonheur ! Que de tendres paroles, qui, nées en nos cœurs, venaient mourir sur nos lèvres ! Combien d'autres, entrecoupées, qui s'exhalaient en soupirs ! Que de fois nous nous sommes étreints au moment où, succombant sous le pouvoir de la plus brûlante volupté, nous revenions à nous pour recueillir sur nos lèvres nos ames qui voulaient s'échapper! Les dieux, en voyant notre bonheur, se seraient laissés aller à la jalousie, si cette vile passion pouvait habiter dans le ciel. Cynthie, excitée par notre ivresse, cria souvent à Phébus de devancer l'heure de son lever, dans l'impatience où elle était d'éprouver sur le Latmos (1) de semblables feux, en mourant et revivant ainsi dans les bras du bel Endymion. Ah ! combien de fois, puisant sur ses lèvres humides l'aliment de mon amour, lui ai-je juré la constance que lui méritait sa flamme (2)! Divin Amour, qu'un de tes traits vengeurs perce au plutôt mon cœur si je venais à violer le moindre de mes serments ! Le soleil, auteur de la lumière, paraîtra caché sous le voile le plus sombre à l'univers étonné ; les régions du pôle offriront les roses avec tout l'éclat que leur donne l'haleine des zéphyrs au moment où elles s'épanouissent ; les mers mêmes, entr'ouvrant leur profondeur, vomiront des flammes, avant que languisse l'ardeur qui me porte vers elle ! Puissante Cythérée, par qui vit toute la nature ; et toi, bel Enfant, l'objet des tendres sollicitudes de la déesse qui te donna le jour, conservez en leur foyer l'aliment nécessaire à nos flammes réciproques, pour qu'elles continuent d'être toujours aussi vives. Si vous n'êtes point sévères pour ceux qui négligent votre culte, à plus forte raison serez-vous favorables à ceux qui se sont volontairement rangés sous vos lois. Que le dieu de la foudre, comme celui de l'harmonie, me regardent d'un œil de colère, je le souffrirai, pourvu que mon encens ne vous soit point désagréable. Plein d'une juste reconnaissance, je dirai : Vénus, sois-nous propice ! et ma belle reprendra aussitôt : Divin enfant de Paphos, continue à nous accorder tes faveurs !

---

(1) Montagnes de la Carie, près de Milet. Les mythologues disent que Diane y tint Endymion endormi pendant plusieurs années, et que toutes les fois qu'elle allait lui rendre visite, il s'ensuivait une éclipse de lune.

(2) En amour, le vrai plaisir, dit Lucrèce, est pour les ames raisonnables, et non pour ces amants forcenés dont les ardeurs flottantes ne savent pas même, dans l'ivresse de la jouissance, sur quels charmes fixer d'abord leurs mains et leurs regards ; qui serrent avec fureur l'objet de leurs desirs, qui le blessent, qui, d'une dent cruelle, impriment sur ses lèvres des baisers douloureux. C'est que leur plaisir n'est pas pur ; Vénus pudique sait mieux amortir la douleur qu'accompagne la première jouissance, et répandre le baume de la volupté sur les blessures que font les armes de l'amour.

LE LENDEMAIN.

Nous ont-ils lancé leurs foudres vengeresses, ces dieux qu'une injuste croyance nous ont fait regarder comme si cruels? Pancharis, ils ont été témoins de la volupté suprême que nous goûtions; ils ont vu les marques réciproques de tendresse que nous nous donnions, et leur colère n'a point éclaté. « Eh! que prétends-tu faire? criais-tu : arrête, je te prie; que le bonheur qui accompagne une flamme pure te suffise; pourquoi en demander davantage? ne peut-on pas unir les chastes lois de la pudeur avec celles d'un tendre amour? Ah! garde-toi d'être un jour la cause de mes pleurs; éloigne-toi. Hélas! mes paroles seront donc vaines, et tu ne respecteras pas une innocente qui bientôt peut-être sera livrée aux plus cruelles inquiétudes? » Cependant, quels que fussent tes craintes et tes gémissemens, mon ardeur n'en était que plus violente, lorsqu'un doux repos vint calmer tes sens, et qu'oubliant tes menaces, tu me serras étroitement presque mourante sur ton sein. Actuellement que les mystères de la déesse te sont pleinement connus, que tu sais ce que sont ces libations que doivent lui faire ceux qui sont initiés à son culte, en as-tu pris quelque motif de crainte? t'ont-ils laissé quelque amertume, pour que, les détestant, tu ayes à te louer des retards que tu as mis à mon bonheur? A ce plaisir fugitif que tu te rappelles, et qui ne s'offrira encore à toi qu'avec un nouveau charme, a succédé dans ton maintien une langueur qui n'est pas pour moi sans agrément. Que d'avantages dont tes traits vont s'enorgueillir! comme les lis vont s'entremêler aux roses de ton visage! Déjà, dans tes yeux amoureux, paraît un tout autre feu, qui, en me rappelant la jouissance que j'ai savourée, m'en annonce une prochaine encore plus délicieuse. J'y découvre cette mourante pudeur et ces expressions muettes qui raniment la volupté au moment où elle voudrait fuir. Ton sein, qui n'a point encore souffert l'attouchement d'aucun autre amant, devenu actuellement plus actif, repousse ce fin lin de Tyr qui le dérobait à de profanes regards, et que ma main empressée saura bientôt écarter, si ton ardeur continue à égaler la mienne. Ta gaîté folâtre avec tes compagnes, et cette grande retenue avec d'autres, indice d'une pudeur virginale, sont remplacées par des méditatations, sans doute sur ce qui s'est passé entre nous. Tu n'as plus ce caractère volage qui te rendait si odieuse à mes yeux, dans la persuasion où j'étais qu'il dérivait de ton indifférence pour moi. Ton âme, toute occupée des charmes de la volupté, s'abandonne au souvenir des plaisirs dont elle fut récemment enivrée. Censeurs austères, qui blâmez les doux jeux d'amour, non, croyez-moi, il ne

peut porter au crime, ce feu qui excite
de purs desirs; ce feu qu'un dieu bienfaisant a caché en nous pour tempérer
les peines de la vie et donner un nouveau lustre à chaque génération. Pancharis, garde-toi d'écouter ces hommes
si rigoureux, et aye une opinion qui ca-
dre mieux aux circonstances de ton âge.
Tous leurs discours sont autant de mensonges; ils outragent la prévoyante nature, et nuisent à ses fins raisonnées.
Non, le crime ne saurait être imbu d'une
telle douceur. Oh! sois persuadée, ma
chère, que rien n'est répréhensible dans
nos mutuels épanchements de cœur, tant
que Vénus voudra nous être propice.

LE VIVAT.

Graces vous soient rendues, divinités propices aux amants, vous dont la fonction est d'unir les époux aux jeunes épouses. Déesse de Chypre, et toi, Enfant ailé d'une si belle mère, venez à moi; et que les les filles d'Eurinôme vous fassent cortège. O vous que cette reine du riant séjour des Amours voit toujours avec plaisir à ses côtés, inspirez-moi pendant que je mêle des chants de gratitude aux harmonieux accords de mon sistre (1) ! Exercez-vous, mes doigts, et mettez en mouvement des cordes prêtes à vous répondre; Vénus attend de vous cet hommage, que son fils vous dirige. Et vous, nymphes de l'Aonie, daignez aujourd'hui présider à mes efforts, actuellement que ma voix suit l'intonation lyrique qui leur convient. Si ma cithare a eu sur mon amant un si grand pouvoir ; si mes chants, dernièrement encore, ont excité en lui des émotions qui lui étaient inconnues, je rapporte une telle faveur au dieu dont les flèches lui soumettent l'univers. Je la lui rapporte avec d'autant plus de raison, qu'il a bien voulu, par sa présence, donner une nouvelle ardeur à des jeux qui furent commencés sous ses auspices. O bel enfant de Cythérée ! était-ce donc par de pareilles armes que devait m'être connue ta souveraine puissance ? était-ce là une des flèches si cruelle que renfermait ton carquois doré ? Quelque récente que soit la blessure qu'elle m'a faite, je n'en suis pas moins encore toute disposée à éprouver les effets du venin dont elle pourrait être infectée. Vie de la jeunesse incertaine sur la nature du bonheur que tu lui promets, force ignée de l'univers, dont les airs, la terre et les mers les plus profondes éprouvent les douces influences ; vainqueur de tout mortel qui voudrait s'opposer à tes volontés ; vengeur de ces lois iniques qu'un insensé réformateur voudrait imposer à la jeunesse; toi qui nourris l'ame, et fais couler nos jours dans un parfait bonheur, en nous accordant des jouissances même au milieu des plus grands dangers, ô consolateur le plus fidèle dans ces maux nombreux qui assaillent notre passagère existence, divin Amour, rends heureux tous les êtres qui respirent; unis-les; qu'ils aiment, qu'ils s'étreignent, et qu'une union générale entre les sexes soit ainsi l'indice de l'universalité de ton pouvoir! La nature, sortant de son sommeil, reparaît actuellement plus belle, et s'applaudit de la vie que tu lui donnes; une odeur plus suave parfume çà et là les plaines de l'air; la forêt retentit du joyeux concert de ses habitants ailés; l'harmonie va et revient tour-à-tour des vallées aux collines, qui se plaisent à en doubler le son; les animaux, livrés à tes feux, ou les ayant récemment éprouvés, se cherchent sur terre, et, s'unissant par des liens réciproques, ils manifestent que tout ce qui vit, est soumis au dieu de Paphos. Aimable Amour, honneur et protecteur de la brillante jeunesse, que les dieux et les mortels te révèrent sans cesse ; que les victimes ne manquent jamais sur tes autels, et que des hymnes de reconnaissance portent ton nom en tout lieu. Répands sur nous tes bénignes influences, et, afin que nos flammes ne manquent point d'aliment, mêle toujours les agréments de la nouveauté au bonheur dont tu pourras nous combler. Fais que nos ardeurs continuent avec le même charme, et que jamais les noirs soupçons ne viennent les amortir. Je te paye le tribut de graces qui t'est dû, en t'adressant aujoud'hui des chants de reconnaissance. Qu'il soit permis à mon amant de brûler encore son encens sur ton autel, et d'y répandre les libations qui ne peuvent que te plaire. Éloigne de nous tout ce qui, contraire à notre amour, pourrait empêcher nos cœurs de brûler d'une flamme réciproque. Qu'à ton aide je puisse, pendant la nuit, rendre nulle toute surveillance qui m'empêcherait d'être à mon bien-aimé. Quand j'irai au rendez-vous, dans l'obscurité, n'ayant pour flambeau que ma flamme, et ma main pour guide, viens me prendre celle-ci pour conduire des pas que la crainte pourrait égarer, et qu'ainsi, sous tes auspices, j'arrive sans obstacle au lieu où le bonheur m'attend.

---

(1) Le sistre des anciens, qu'il ne faut point confondre avec celui des modernes, à cordes de laiton, était un instrument fort usité dans les cérémonies de la déesse Isis, chez les Egyptiens. Il fut ensuite reçu dans les colonies grèques, et réservé au culte religieux. On pourrait le comparer à une de nos raquettes, privée de son filet ou réseau. Sa matière était d'or ou d'argent. A son sommet était une figure de chat tirant sur la figure humaine. Sur le côté droit des branches,

se voyait une tête d'Isis; sur le gauche, celle de Neptis. Plusieurs verges de métal, passées par des trous pratiqués sur la circonférence, en traversaient le plus petit diamètre jusqu'au manche, qui terminait l'instrument. Toute l'harmonie du sistre consistait dans le tintement qu'il rendait par la percussion des verges de métal, qui, à chaque secousse qu'on lui donnait, le frappaient à droite et à gauche. Les prêtres qui, dans les cérémonies de la déesse Isis, portaient cette instrument, étaient nommés *Sistriaci*. Les Hébreux connurent cet instrument, à s'en rapporter à un passage du *Livre des Rois*, qui dit, que quand David revint de l'armée, ayant tué Goliath : *Egressæ sunt mulieres de universis urbibus Israël, cantantes chorosque ducentes in occursum Saül regis in tympanum lætitiæ et in Sistris*. Voyez la forme de l'instrument, dans les *Œuvres d'Apulée*, édition à l'usage du Dauphin.

LA NUIT.

Déjà la fille du Chaos (1), sur son char humide, attelé de deux chevaux noirs, apporte aux mortels les ombres qu'elle entasse à mesure qu'elle s'avance. Elle s'approche sous un aspect blême, semant çà et là les pavots à pleine main, pendant que les fantômes légers vont et viènent autour d'elle, répandant la crainte par la diversité de leurs formes (2). Les ondes qui se déploient sur le rivage, brillent par la réflexion des rayons que laisse échapper la fille de Latone, du haut de la voûte étoilée où elle s'enorgueillit de son éclat emprunté ; et la forêt entière, perdue dans l'espace, n'apparaît qu'au travers de l'incertitude de la faible lumière qui lui arrive. Au milieu de ce calme général, un sommeil bienfaisant tient dans le plus profond repos les animaux fatigués des travaux du jour. Un morne silence règne dans les champs, dans la ville comme sur le rivage, et dans cette pause où semble être la nature entière, elle n'en continue pas moins à s'occuper des opérations qui se passent dans chacun des êtres vivants. L'humide haleine des légers zéphyrs, voltigeant encore sur le bocage, imprime un frémissement aux feuilles, qui ne sont point insensibles à leurs caresses. L'orfraie, que son cri rend odieuse, errant çà et là, appèle à elle le mâle, dont elle attend impatiemment des jouissances. Déjà la troupe Minéienne (3) se répand dans les plaines de l'air, pendant que le hibou tranquille guète la proie qui peut assouvir sa faim (4). Douce image du néant pour un philosophe (5), ô consolation du malheureux, ne viens point troubler mes rêveries pas des fantômes qui pourraient m'effrayer. Agréable maintenant aux époux heureux, desiré comme tu le fus par les jeunes filles qui soupiraient après le moment de passer dans les bras de ce qu'elles aiment, viens également contribuer à ma jouissance. Il arrive donc ce moment où Pancharis, recourant aux menaces, n'en tomba pas moins dans mes bras, excédée de volupté. Ce lit de repos me rappèle ses ruses et ses jeux, les pauses auxquelles je soumis son ardeur, la vengeance que lui attirèrent de ma part ses délais, et quelles furent les dernières paroles de sa pudeur expirante. O vertu pure ! comme tu t'abuses en combattant pour toi, lorsque la nature, faisant valoir ses droits, nous entraîne impérieusement sous ses lois ! Comme disparaît à la vue un nuage léger au lever du soleil, lorsque la clarté des étoiles s'affaiblit vers l'Orient, telle tu fuis par le pouvoir de l'Amour, que tu ne peux vaincre. En vain tu réitères tes gémissements ; en vain tu exhales tes remords en plaintes amères, celui qui est le vainqueur de l'univers ne l'est pas moins des vains efforts que tu lui opposes. O moment de délices, où, m'égarant dans les routes qui m'étaient offertes, j'y cherchais le suprême bonheur, vous serez désormais toujours présents à ma mémoire! Doux instants, où, excédé par la jouissance, je revenais à la vie pour savourer encore le plaisir; où, ne pouvant souffrir aucun obstacle à mes desirs, je dirigeais mes avides regards vers les lieux que ma main égarée aimait à parcourir; et vous, combats d'autant plus agréables qu'ils étaient accompagnés d'une résistance au milieu de laquelle nos sens étaient d'accord, pendant que nos ames méditaient une retraite, vous êtes dignes de remplir agréablement les loisirs des dieux. Mais si les élans qu'on éprouve alors ont de quoi plaire, de combien de peines aussi ne sont-ils pas la cause dans un lien nouvellement formé! C'est en ces moments que le cœur d'une jeune fille novice en amour, éprouve la plus violente tourmente, quand ses sens desirent ce que lui défend la pudeur. Mais

Tom. II.

dès que le calme est revenu par une complète jouissance, et que l'ame égarée a repris son assiette, la langueur qui succède n'est pas sans douceurs. Ainsi la volupté qui n'est plus, a encore ses charmes lorsque l'ame, savourant dans le silence le plaisir qu'elle vient de goûter, il ne lui reste plus que quelques paroles entrecoupées pour indiquer sa délicieuse extase. Hélas ! pendant que je me livre à ces agréables pensées, Pancharis repose, mollement étendue sur sa couche. Elle repose exempte de toute inquiétude, et la volupté qu'elle a savourée à pleine coupe ne la tient point éveillée, tant est profond le sommeil dont ses membres éprouvent les froides influences. Telle, au retour du Printemps, quand l'Aurore reparaît sur son char safrané, on voit une goutte de rosée briller sur un rosier. Zéphyr retient son haleine pour ne point la troubler; elle, dans la même position, ne semble que plus s'arrondir sur elle-même. Ainsi couchée sur la plume d'Amyclée (5), elle est plongée dans les douceurs du sommeil, sans que le moindre vent n'ait accès sur elle. O vous, troupe légère qui prenez toutes sortes de formes, Songes agréables, dont j'ai tant de fois éprouvé les douces faveurs, descendez des célestes demeures pour animer cette belle et lui rappeler les circonstances les plus riantes de nos plaisirs! Qu'une volupté pareille à celle qu'elle éprouva dans mes bras, pénétrant tous ses sens, la ramène à sa première extase!

---

(1) Le poète a suivi ici la théogonie d'Hésiode, qui regarde la Nuit comme ayant eu le Chaos pour père, et conséquemment étant la plus ancienne de toutes les divinités, opinion à laquelle nous rapporterons celle d'Orphée, qui la regarde comme la mère des dieux et des hommes. « Dans les monuments antiques, dit Noel, on la voit tantôt tenant au-dessus de sa tête une draperie volante parsemée d'étoiles, ou avec

une draperie bleue et un flambeau renversé ;
tantôt figurée par une femme nue, ayant de
longues aîles de chauve-souris, et un flambeau
à la main. Les poètes la représentent couronnée
de pavots, et enveloppée d'un grand manteau
noir étoilé. Quelquefois ils lui donnent des ailes,
ou ils la dépeignent se promenant sur un char
tiré par deux chevaux noirs ou par deux hiboux, et tenant sur sa tête un grand voile par-
semé d'étoiles.» En général, autant les favoris des
Muses se sont étendus en louanges sur le dieu du
jour, autant ils ont été indifférents sur la déesse
de la nuit. Rien en cela d'étonnant, diront les
mauvais plaisants, puisqu'alors la plupart éprouvent les froides influences de son fils, le Sommeil.
Mais, laissant tout badinage à part, la Nuit n'est
pas certainement sans de grandes prérogatives
aux yeux du philosophe qui la considère ornée
de tout son luxe. Si, dans la zone torride, le cha-
cal, par son gémissement, le lion, par ses rugis-
semens, les chats-huants et autres oiseaux de
ce genre en troublent le silence par leurs cris
aigus, le rossignol, dans nos contrées tempérées,
par les inflexions infiniment variées de son sonore
gosier, n'en fixe que plus l'oreille du musicien
qui réfléchit sur l'impossibilité où est son art d'en

approcher. Si l'astre du jour ne répand plus alors sur la nature sa lumière vivifiante, une lune brillante ou des milliers d'étoiles fixées au firmament; des cincidèles, des lampirides ou autres animaux, des vers phosphorescents rampent sur le sol; des feux follets s'en élèvent pour guider la marche de l'homme qui observe. Toutes les faveurs que prodigue cette déesse de l'obscurité déterminèrent les Athéniens à lui faire les premiers les sacrifices qui lui sont dus. Et parmi ceux dont l'auteur encourra le blâme pour s'être livré au milieu d'elle aux méditations passionnées qu'offre ce morceau, combien en est-il qui préfèrent les doux loisirs qu'elle leur offre pour faire leur libation à l'autel de Cypris, sans penser à témoigner quelque reconnaissance à la déesse que nous préconisons?

(2) Les fantômes, comme les spectres, n'ont jamais existé que dans les romans et autres fictions de l'esprit, dans lesquelles on leur fait jouer un grand rôle. Les poètes y ont eu recours, non-seulement comme ornement, mais souvent pour leur faire jouer sur la scène quelques rôles avec les principaux personnages, ce qu'on voit dans plusieurs pièces de Shakespear.

La nuit, pour les petits esprits, est le temps le plus propre à l'apparition des fantômes, sur-tout quand on se trouve près des cimetières, au milieu d'anciennes ruines, sous de sombres avenues, et autres lieux propres à nourrir l'ame d'une secrète horreur. Locke, en traitant de l'association des idées, explique la chose très-ingénieusement de la manière suivante : « *The ideas of goblins and spirites have really no more to do with darkness than light : yet let but a foolish maid inculcate these often on the mind of a child and raise them there together, possibly he shall never be able to separate them again so long as he lives; but darkness shall ever afterwards bring with it those frightful ideas, and they shall be so joined that he can no more bear the one than the other.* »

(3) Les chauves-souris, ainsi nommées, parce que les jeunes filles de Minyas, Thébain, furent ainsi changées en cette espèce d'oiseau pour n'avoir point voulu discontinuer leur travail lors de la célébration des Orgies. Le onzième livre des Métamorphoses d'Ovide contient leur histoire.

(4) A ce fidèle tableau de la Nuit, que le poète

nous offre, peut succéder, pour lui donner la dernière touche, celui d'Ératosthène, dans sa troisième lettre à Xénophane. Voyez les Fêtes de la Nature. « Les étoiles émaillent sa route, tandis que sa clarté mélancolique glisse sur tous les objets. Cette lueur incertaine vacille tantôt sur le front gigantesque des monts, sur la chevelure des forêts, sur la solitude des campagnes, ou sur l'immensité des vagues blanchissantes. On n'entend que le souffle du zéphyr, qui réveille quelquefois le feuillage, ou le gazouillement des sources tombantes. Cependant la déité plane avec amour sur la nature, elle semble la couver de ses regards. Mère bienfaisante, elle exprime de ses mamelles la rosée féconde qui alimente et rafraîchit la végétation. Les plantes reconnaissantes exhalent vers elle leur ame embaumée; plusieurs même ne s'épanouissent que pour elle. Cet encens balsamique, ce silence mystérieux, cette lumière obscure et ses romantiques accidents, cette fraîcheur des eaux, des bois, de l'éther, tout porte au cœur de l'homme qui contemple ce spectacle, une émotion d'autant plus sensible, que rien ne vient les distraire. Du recueillement naît la rêverie, et de la rêverie, la foule des sentiments dont l'ame est affectée. »

Young est encore plus philosophe lorsqu'il dit :

Nigth, sable goddess! from her ebon throne:
In rayless majesty now stretches forth
Her leaden sceptre o'er a slumbering world:
Silence, how dead! darkness, how profound!
Nor eye nor list'ning ear an object can find.
Creation sleeps! Tis as the general pulse
Of life stood still and nature made a pause,
An awful pause, prophetic of her end.

(5) Ville bâtie par les Lacédémoniens, au midi de Sparte, sur l'Eurotas. Elle était célèbre par la beauté des cygnes qui fréquentaient les lacs voisins. Elle fut la patrie de Castor et Pollux. Apollon y avait un temple très fréquenté. Détruite par les Doriens, elle n'offrait plus, du temps de Pausanias, qu'un petit village où l'on admirait encore le temple et la statue d'Alexandre, qui, au dire des Amycléens, était la même personne que Cassandre, fille de Priam; le portrait de Clytemnestre et la statue d'Agamemnon.

L'ATTENTE.

Déjà le joyeux fils d'Hypérion, monté sur son char d'hyacinthe, répand sur l'Égée (1) ses rayons safranés, et tout brillant de la lumière qu'il a rassemblée sur les contrées de Memnon (2), il la disperse à mesure qu'il avance dans les pures régions de l'éther, où sa route est tracée. L'horizon brille vers l'Orient avec toute la beauté que lui amène une succession variée de couleurs, et déjà des jets lumineux plus vifs jaunissent le sommet des riants côteaux de Samos. La cime des pins, que le moindre vent agite, se dore par l'éclat du jour qui augmente. Les eaux, du haut des montagnes, se précipitent en flots bouillonnants, et la vapeur qui s'élève des gorges où elles se perdent, offre la variété de couleur de la belle messagère des dieux. Les lis s'entrouvrent avec une fraîcheur nouvelle, et, encore humides des pleurs de l'Aurore, ils brillent d'un tout autre éclat. Adieu, Nuit, malheureusement vaine pour moi; adieu, cruelle, qui fus si lente à fuir avec tes ténèbres. Dieu de Délos (3), chasse au loin ces astres qui, par leur trop vive lumière, pourraient diminuer les effets de ta splendeur. Reprends ta route, voyageur timide, et ne t'inquiète plus de cette flamme mensongère qui aurait pu te perdre dans des marais inconnus. O habitant de la céleste voûte, dont l'éclat radieux fit de tout temps l'ornement de la nature, toi, de qui les êtres vivants puisent les premiers principes de leur vie passagère (4), à l'aspect de qui les épis laiteux dans nos guérets jaunissent sur leur flexible tige; que le cultivateur sollicite souvent dans ses ardentes prières, lorsqu'il voit mûrir sur le cep les espérances de la récolte; reçois, ô Soleil, les plus sincères témoignages de ma reconnaissance dans l'admiration où je suis de toutes les richesses que la terre enfante sous tes regards bienfaisants. Père de la nature, accélère ta course pour que mon amant mette moins de retard à mon attente, et que, répondant à mon ardeur, il écarte tout obstacle contraire aux desirs qui m'agitent. Déjà les cieux, répandant une plus grande clarté sur la terre, semblent m'annoncer son approche. Ah ! puissent l'accompagner les Ris et les Jeux, qui se sont éloignés avec lui. Aimables enfants qui émaillez ce séjour de Flore, vous, dont la nuit propice vient de concentrer les humides vapeurs pour vous rendre et plus belles et plus odorantes, ô fleurs, épanouissez-vous dès que vous le verrez paraître ; redressez-vous sur vos tiges pour rendre hommage à celui qui reçut ma foi, car il ne peut y avoir de bornes à l'ardeur qui m'entraîne vers lui. Mes rigueurs ont trouvé leur terme dans ses bras, depuis que j'y ai goûté cette douce volupté qui amollit pour la première fois les cœurs que l'Amour a rangés sous son pouvoir. Ce bosquet me semble aujourd'hui briller d'un plus bel éclat; cette eau tombe aussi plus pure de son rocher. La mer, récemment agitée, a repris un aspect plus tranquille, et les ondes, plus dociles, appèlent en mer le nautonnier, qui ne craint plus y trouver de danger. Çà et là le saule flexible mêle ses frémissements à ceux de l'aulne, et le platane, en son langage, répond à leurs accents. Ce souffle du zéphyr qui fraîchit vers l'Orient, nourrit mon ame en lui faisant éprouver l'influence d'une vie que, jusqu'ici, je n'avais point connue. Mais, au milieu de ces douces jouissances, quelles sont ces peines qui rongent si cruellement mon cœur ? Je me laisse aller au plaisir, et je n'apperçois pas le noir poison qu'il me cache. Serais-je trompée? Nature, en vain tu étales à mes yeux tes brillantes richesses lorsque la fidélité de mon amant me devient suspecte. Seraient-elles ratifiées ces paroles dont récemment encore on occupait mon ame ; savoir : que la volupté fuit comme l'onde du Méandre, et que jamais celle qui suit n'efface la vivacité de celle qui est loin. Que cette vérité, triste aux cœurs ingénus, offre d'amertume à celles qui brûlent du plus sincère amour! Gazon émaillé, dans l'accablement où je suis, accorde-moi le soutien que je te demande, et qu'autour de moi s'épanouissent les roses dont le parfum pourra rappeler mes sens. Je m'étendrai sous ton ombre, charmant jasmin (5), ici où doit se rendre celui dont j'attends toute ma consolation ; ici, où cette source pure, serpentant dans la prairie, nourrit et amollit ma peine par son doux murmure. O Écho (6), qui animes si souvent ces beaux lieux, tu restes en silence dans cette caverne, tandis que les rochers qui lui servent d'appui gémissent sous les coups redoublés des vagues d'une mer écumante. Loin d'ici tout chasseur essoufflé que le desir d'une proie aurait pu égarer. Loin d'ici ces trompettes bruyantes dont les sons réitérés deviendraient importuns à mon oreille. Que toute bête fauve fuye de ces lieux, et qu'aucun bruit ne trouble le calme de cette solitude qui ne doit retentir que de mes accents. O chère Echo, qui tant de fois portas çà et là dans la vallée le chant chéri des bergers, aux oiseaux perchés qui l'écoutaient dans le plus grand silence ; si quelque nymphe, brûlant d'une flamme pareille à la mienne, venait moduler ses peines sous ce frais ombrage, ah ! que ta douce voix console cette infortunée, en répétant ses derniers sons. Mais déjà les campagnes, sous l'ardeur du soleil, retentissent du chant des cigales, et je n'ai aucun espoir sur l'arrivée de mon amant. Je l'ai appelé, je l'ai cherché, sans pouvoir trouver aucun indice qui me rassurât sur sa présence. Se rappelant l'heure fixée, quelles peuvent être les causes de son retard (7)? Fuyez, soupçons qui pourraient lui être injurieux ; vous rendez nul tout le bonheur de ma vie. Je suis sa souveraine, et aucune rivale, supérieure à moi en beauté ou en parure, ne pourra me l'enlever, quels que soient ses moyens de séduction. Il a bu entre mes bras à la coupe de la Volupté, des jouissances beaucoup plus délicieuses que celles qu'elle pourrait lui offrir. Qu'aurais-je donc encore à craindre? Rochers escarpés, retraite où jamais ne pénétra la clarté du soleil, vous avez entendu tous ses sermens. Pourquoi donc nourrirai-je désormais des idées mensongères sur son attachement, lorsque récemment encore il me donnait des preuves si effectives de sa tendresse? Bientôt près de moi, dans la violence de ses desirs, il me fera part de son ardeur, et, entraînée par celle qui me consume, je lui accorderai la récompense que lui aura méritée sa constance. Déjà le calme revient à mes sens, et toutes mes plaintes finissent, dans la conviction où je suis qu'il n'y donne aucun fondement. Viens donc, ô mon bien-aimé! viens apporter à mon cœur ému le calme qu'il attend, et à ta vue se dissiperont toutes mes inquiétudes. Mais un vent léger semble au loin agiter le feuillage de cette jeune yeuse, et de là il me vient une odeur de safran (8) qui ne m'est point indifférente. Oui, c'est mon amant qui accourt vers moi, il gagne la colline ; ses chants et son sourire ont déjà dissipé les reproches que j'avais à lui faire. Redoublez vos murmures, claires fontaines ; jouissez de tout votre éclat, paisibles bois, lorsque mon amant cherchant à m'appaiser, me fera goûter dans ses bras toutes les douceurs du dieu qui m'anime.

---

(1) Aujourd'hui l'Archipel, ayant à l'Orient l'Asie mineure, à l'Occident le Negrepont, et au Nord la Romanie. Elle communique à la Propontide par le détroit des Dardanelles. Les grammairiens en dérivent l'étymologie d'un nom phénicien, qui veut dire furieux, à raison

des tempêtes auxquelles les navigateurs étaient exposés sur elle. D'autres la rapportent à Égée, père de Thésée, qui s'y précipita de douleur, croyant son fils mort dès qu'il eût apperçu des voiles noires au vaisseau qui le ramenait victorieux du Minotaure.

(2) Pour nous conformer aux notions d'astronomie qu'on avait au temps où l'héroïne du poëme est censée parler, nous adoptons ici le système des atômes, que Démocrite et Épicure suivaient de leur temps, et à l'aide duquel on expliquait alors le phénomène journalier du lever du soleil. Ne sachant point que la terre était un sphéroïde applati vers les poles, on s'imaginait qu'elle formait un solide plan, entourée de tout côté par l'Océan, les contrées de Memnon étant regardées comme une des extrémités de surface plane, et l'Ibérie, comme l'autre. Les feux follets qu'on voit, les soirées d'été, s'élever des vastes marais, avaient donné lieu de croire que c'était de pareils endroits que s'échappaient des rayons de lumières, qui, rassemblés la nuit, se formaient en corps et prenaient feu à mesure qu'ils s'élevaient sur l'horizon pour aller s'éteindre dans l'Océan. Des allégations fabuleuses

appuyaient ces conjectures; ainsi Diodore de Sicile dit que, du haut de l'Ida, on voyait tous les matins le soleil s'allumer au loin, non avec une apparence circulaire, mais comme par une flamme dispersée çà et là, et formant plusieurs feux qui, paraissant toucher l'horizon, se rassemblent en un seul corps jusqu'à ce que le jour augmentant, le soleil se manifeste avec sa grandeur ordinaire. Lucrèce, grand partisan de la philosophie corpusculaire, après avoir cité diverses opinions à ce sujet, confirme celle-ci quand, expliquant le phénomène, il dit :

.... Quia conveniunt ignes, et semina multa
Confluere ardoris consuerunt tempore certo,
Quæ faciunt solis nova semper lumina gigni.
Quod genus Idæis fama est e montibus altis
Dispersos ignes orienti lumine cerni;
Inde coire globum quasi in unum et conficere orbem.

Le soleil allumé allant s'éteindre dans l'océan occidental, y occasionnait, selon l'opinion courante, un tel bruit, que Strabon, parlant de l'Espagne, dit ingénieusement : « *Solem ibi ad oceani littus occidere majorem, editoque strepitu, ut si mare strideret, dùm sol in illius fundum delatus extinguitur* »; rêverie que Juvénal et Ausone ont admise, sans la fonder sur l'autorité d'autres philosophes.

(3) Surnom du Soleil, Apollon sur la terre, à raison de l'isle de Délos où il avait un temple fameux par les oracles qui s'y rendaient, peut-être aussi à raison de ce qu'il était né en ce lieu. Voyez le dixième dialogue des dieux marins, dans Lucien.

(4) Cette assertion est plus que prouvée par une foule de faits que la physique et la chimie de nos jours ont mis en évidence. Homère, chez qui le plus grand nombre des poètes ont puisé leurs descriptions de la belle nature, était tellement épris de l'excellence de cet astre, qu'il l'appela le père des dieux et des hommes. Roi du firmament, c'est lui qui gouverne le temps et qui maintient la distinction que nos ancêtres en ont faite en années, en mois, en jours et en heures. Il nous réjouit par sa clarté comme par sa chaleur; il élabore, dans les plantes qu'il fait germer, les principes de leur couleur et de leur forme; il amène dans les fleurs dont sont parés nos parterres, les sucs qui colorent leurs pétales, et leur donne le parfum dont est si agréablement affecté

notre odorat; il mûrit, dans nos campagnes, le bled qui doit nous nourrir et le raisin dont le jus pétille dans nos coupes; il chasse au loin les nuages qui voilent le luxe de la nature, et son influence se portant jusqu'à une certaine profondeur de la terre, il en affine les molécules et les dispose à une transmutation de principes propres à former ces brillants métaux que l'art convertit à nos usages, et ces pierres précieuses qui repaissent la vanité des grands. Enfin, tout ce qui naît, se détruit, se corrompt sur la terre, est soumis à sa puissance : *quòd propter accessum solis*, dit Aristote, dans son livre de la Génération et de la Corruption, *et recessum solis in circulo obliquo fiunt generationes et corruptiones*. C'est à la gratitude des anciens Perses, relativement à toutes ces faveurs, que nous devons l'oraison suivante, sauvée de la barbarie des temps :

« O toi, que ta propre lumière rend si puissant, source abondante et toujours égale de bonheur pour les êtres vivants soumis à ton influence, bienfaiteur de toute la nature, tes rayons, en ce moment où tu te lèves, viènent annoncer ta splendeur aux contrées qui t'attendent. O Soleil, ton éclat fait ta beauté, ton haleine échauffe la terre et lui donne une force de vie qui dirige et modère les opérations du grand tout. Tu es le fanal de l'univers, la lumière de toute chose, le principe de tout ce qui se produit sur la terre sous la main industrieuse de la nature. Tu fais obéir cette mère vigilante par le pouvoir que t'a donné le souverain monarque. Tu visites, par une marche infatigable, et tu reconnais journellement les quatre coins de l'univers. Mais, indigent par toi-même, c'est du sein de la divinité que tu empruntes immédiatement les rayons dont resplendit ta face, et tu vas ensuite les départir à la lune, sans qu'aucun voile ne puisse arrêter le cours de tes largesses. Regarde-nous en cette journée d'un œil gracieux, réchauffe nos cœurs, et élève nos ames à la contemplation de ce grand être qui ne s'offre à nous que par la pensée. »

(5) Il y a dans l'original *ipomœa*. Cette plante est dans une famille voisine des liserons. Ses feuilles sont profondément découpées, leurs fleurs, d'un rouge fort vif, font un très-joli effet entremêlées avec elles sur les berceaux. On les connaît, au jardin des Plantes, sous le nom de *quamoclit*, et sous celui de *jasmin rouge*, aux

isles de France, de la Réunion et dans l'Asie mineure.

(6) Il nous reste un fragment d'une ode de Sapho, lequel a trait à ce passage; il y est dit : « Je m'étais endormie dans les bras de Cypris; déjà la belle Diane, déjà les Naïades avaient disparu de l'horizon; la nuit était au milieu de son cours; hélas! l'heure de mon ingrat est passée, et je me retrouve seule dans cette couche qu'il abandonne. »

(7) Les anciens se parfumaient d'essence plus qu'il n'est d'usage aujourd'hui parmi nous. Ils appelaient onguent, *unguentum*, un mélange de différentes odeurs auxquelles ils ajoutaient quelques baumes, quelques huiles ou autres substances grasses dont ils s'oignaient le corps en sortant du bain. Les odeurs qui venaient de fort loin étaient toujours réputées les meilleures, d'où Plaute dit, dans une de ses pièces intitulée *Mostellaria* : *Non omnes possunt olere unguenta exotica*: Le nard et le safran étaient, chez les Grecs, l'odeur la plus agréable et celle qui entrait le plus souvent dans leurs pomades odorantes.

LE DÉLIRE.

Hélas! elles furent bien courtes ces délicieuses extases que j'éprouvai dans tes bras. Ainsi, Pancharis, tout a un terme qu'amène la vicissitude des choses. La possession d'un objet desiré n'amortit que trop souvent le feu de l'amour chez l'amant qui a eu en jouissance l'objet auquel il aspirait. Je t'ai possédée, il est vrai; mais cette possession n'a fait qu'irriter mes desirs, maintenant que je connais tout le prix de tes charmes. Crois-moi, ma douce amie, ils ne seront point passagers ces plaisirs que nous pouvons encore goûter dans une seconde ivresse avec tout l'attrait de la nouveauté. Ouvre-moi ces yeux que ferme une voluptueuse langueur, et que tes sens soient rappelés à mon amour par autant de baisers que tes lèvres peuvent en recevoir des miennes. Celui-là connaît la volupté qui, seul sur une herbe touffue, s'abandonne entièrement aux feux de son amante; qui, libre de toute inquiétude, mêle ses jeux aux siens, oublié de tout méchant qui pourrait troubler son bonheur. Quel plaisir n'amène point alors la résistance d'une belle, novice en amour, au moment où elle combat pour sa pudeur! Avec quel intérêt ses charmes en sont vus, après un long terme imposé aux desirs! Au milieu des débats qu'amène le refus, une main audacieuse parcourt doucement les contours d'un beau sein; et, s'avançant insensiblement, souvent elle s'arrête, et par elle l'amant découvrant les roses qu'on lui cachait, il les parsème de ses chauds baisers. Ainsi, par elle, à travers les lis qu'il rencontre, il parvient enfin à l'autel caché, sur lequel Vénus attend une offrande. Si l'amante, employant sa force, veut défendre sa pudeur aux abois, un baiser encore plus brûlant modère ses craintes. Cependant le vainqueur

ralentit sa poursuite, et Vénus, qui lui
en sait gré, ne lui en est pas moins favorable, lorsqu'ensuite il s'avance vers les
routes où il doit trouver le bonheur. Ame
de ma vie, permets-moi ce langage d'a-
mour qu'a fait naître ma dernière ivresse,
et qui convient à celle qui m'attend. Oui,
enchaîne-moi encore dans tes bras; mourons dans un délire qui nous soit commun,
et qu'à notre retour à la vie, une nouvelle
jouissance nous ramène à un autre oubli
de nous. O délicieuse émotion d'une ame
toute occupée d'un bonheur qui ne peut
fuir ! Déjà la déesse de Cythère mêle les
roses aux lis de ton beau visage; ta ceinture cède aux impulsions répétées que
ton cœur lui communique, et, par son re-
lâchement, me rend possesseur de tous les
trésors qu'elle me dérobait ; éloigne ces
mains ennemies qui m'en disputent encore la jouissance. Que mes sens trouvent
partout l'aliment qu'ils attendent, et pour
qu'il ne reste aucun obstacle à mes desirs,
ôte jusqu'à ce voile qui, quelque léger

qu'il paraisse, est encore de trop pour mon amour. Voilà des formes, voilà des contours que les Graces seules pourraient m'offrir ; ils sont dignes du ciseau de Myron. Qu'ils restent à jamais cachés à d'autres, dont les regards pourraient les profaner. Comme les roses prènent plaisir à s'y entremêler aux lis ! Ah ! permets que, dans la surprise où me jète leur éclat, j'en cueille du moins quelques-unes ; le dieu de Cythère, témoin de mon bonheur, m'y excite. Pancharis, je chancèle dans le trouble où me met cette nouvelle jouissance. Déjà dans l'étreinte où nous sommes, un sentiment plus vif nous anime et nous rend égaux en ardeur. Mais dans le délire qui s'empare de moi, où ma raison va-t-elle s'égarer ? Hélas ! les moyens nécessaires à l'expression de mon amour me manquent. Ah ! laisse-moi puiser sur tes lèvres, que la volupté anime, la force nécessaire à me rappeler à la vie. Ton haleine, en pénétrant ma substance, avive tous les ressorts de mon être, et les dispose à mettre leur pouvoir en évidence : Pancharis, je cède à l'influence qu'ils en éprouvent. Mais pendant que tu brûles d'un feu qu'en vain tu voudrais éteindre, imprime sur mes lèvres qui l'attendent, un baiser de flamme, indice de tes vifs sentiments. Tiens, reçois tous ceux que je te donne, et qu'ils te soient garants d'un amour qui s'exhale tout pour toi; et, comme mes bras enlacent l'albâtre de ton corps, puisse mon ame être toujours unie à la tienne! Que désormais une pareille volupté continue à nourrir des amants qui se correspondent si bien sous le pouvoir de l'Amour! Si cependant elle venait à s'amortir, que ce dieu lui donne une activité nouvelle. Heureux frêne, témoin de notre ivresse; toi, dont le feuillage vient si bien de nous servir, reçois, sur ta molle écorce, nos noms enlacés; qu'à mesure que les traits croîtront, ils puissent mieux offrir à tout passant les indices d'une flamme qui fut heureuse. Que tes pousses au printemps soient plus nombreuses que les années précédentes, et que ta chevelure, plus touffue, soit toujours utile aux amants errants. Loin de toi les parjures qui cesseraient de brûler des mêmes feux. Que tes rameaux épais soient favorables aux Nymphes lascives que l'Amour complaisant amènerait aux Satyres qui en attendent des faveurs. Et vous, jeunes gens que la bonne déesse appèlerait sous les coudriers voisins, gardez-vous bien de porter des mains audacieuses sur le moindre de ces rameaux; conservez ce feuillage qui fut si utile à nos amours, si vous voulez qu'il vous soit aussi de quelque avantage.

LA JALOUSIE.

PANCHARIS, de quelle pure volupté mon ame est affectée, quand je pense que ces lèvres que pressent les miennes, n'ont jamais été profanées par le souffle d'aucun rival, et qu'elles ont ainsi toute l'innocente fraîcheur d'une rose qui vient de s'entr'ouvrir! Combien il m'est agréable le souvenir que m'a donné cette saveur d'ambrosie qui, par sa douce chaleur, liquéfie en quelque manière mon cœur! Dieux puissants, vous le savez, je ne vous ai jamais demandé, comme un insensé, des choses qui surpassassent votre pouvoir, la bienveillance et la fidélité de ma belle me tenant lieu de tous les biens que vous pourriez m'accorder. Mais si par hasard, oubliant ses serments (1), elle venait à me tromper, punissez-la aussitôt; qu'elle perde l'éclat de ses traits, comme le lis des vallons que Borée a touché de son souffle malfaisant; que......Non ; au contraire, qu'elle conserve tous ses charmes, mais éteignez au plutôt le feu dont je brûle. Dis-moi, charme de ma vie, les lèvres de Cléanthe auraient-elles cueilli quelques-unes de ces roses qui s'épanouissent si suavement sur les tiennes? Tu hésites à me répondre. Parle, je t'en conjure. Oh! quoi! tu balbuties! ah! cesse d'ajouter à mes tourments par une malignité hors de saison. Oui, je vois écrite dans tes yeux la réponse à ma demande. O cruel que je suis! pourquoi, par ces tristes inquiétudes mêler l'amertume à la douceur, et ôter ainsi à la volupté son charme le plus délicieux? Que la jalousie, en pénétrant le fond de leur cœur, tourmente ceux à qui une constance mal éprouvée donne quelques craintes (2)! Plutôt mourir sur le champ que de me laisser aller à elle tant que l'Amour fournira un nouvel aliment à ma flamme. Si, cueillant de doux baisers sur ces lèvres fraîches, il me venait un pareil souvenir ! Ah ! loin de moi cette idée, je croirais, avec raison, qu'en baisant une rose, mes lèvres auraient été touchées par le venin d'un aspic.

---

(1) Les anciens avaient la plus grande aversion pour ceux qui se parjuraient. Tout serment était regardé chez eux comme la preuve sacrée que l'on mettrait à exécution ce que l'on promettait par eux. Pindare dit à ce sujet, dans sa seconde ode : « Les hommes qui, fidèles à leurs serments, ne s'en sont jamais écartés, montent au rang des dieux que nous honorons, et vivent avec eux, sans pleurs, toute l'étendue de l'éternité ». Cependant la croyance n'était pas tout à fait la même à l'égard de ceux qu'on se faisait en amour. En effet, Callimaque, en parlant d'une belle qui promettait à son amant une constance à toute épreuve, continue en disant : « Elle a juré qu'elle ne l'aimerait plus; mais ô belle déesse de Paphos, vous savez que les serments des amants n'entrent pas dans les oreilles des dieux ». Tout

serment où l'on prenait le Styx à témoin, était réputé un des plus solemnels chez les Grecs; c'était celui des dieux chez Homère. Les Romains juraient indistinctement par Pollux ou Castor, leur divinité favorite; de là le jurement *Ecastor, Pol,* qu'ils employaient si souvent. Dans les circonstances graves, les juremens se faisaient toujours en face des autels, et notamment dans les engagemens que prenaient deux parties. Alors chacun tenait une main sur l'autel; c'est ainsi qu'on assurait la foi des traités et la chasteté dans les mariages. Enfin, persuadés de la nécessité de l'autel pour y proférer leurs sermens, les hommes en placèrent bientôt un dans le ciel parmi les autres constellations. Ce fut sur lui, à leur dire, que les dieux jurèrent une alliance offensive et défensive contre les Titans, lorsque ceux-ci cherchèrent à les attaquer.

(2) On peut regarder la jalousie comme l'assaisonnement de l'amour; un peu le relève et trop le dénature. On a demandé si l'homme était plus jaloux que la femme. La question est encore indécise dans les régions du Nord, où, sur ce point, l'un et l'autre se payent bien de retour. Quant aux contrées du Midi et entre les tropi-

ques, les duègnes, les eunuques, les ceintures de virginité, et autres moyens mécaniques de restreindre des desirs que n'approuverait point l'Hyménée, mettent en évidence la solution de la question. Entr'autres preuves de cette invincible passion chez l'homme, nous prendrons des anciens la demande que fait à sa maîtresse, dans l'eunuque de Térence, un amant qui doit s'éloigner d'elle pour trois jours :

. . . . *Egone quid velim ?*
Cum milite isto præsens, absens ut sies ;
Dies noctesque me ames ; me desideres ;
Me somnies ; me expectes ; de me cogites ;
Me speres ; me te oblectes ; mecum tota sis ;
Meus fac sis postremo animus quando ego sum tuus.

Mais quel autre exemple caractérisait mieux ce cruel ennemi chez l'homme, sinon le suivant que nous offre Horace dans une de ses odes :

Cum tu, Lydia, Telephi
Cervicem roseam, cerea Telephi
 Laudas brachia ; væ ! meum
Fervens difficili bile tumet jecur.
 Tunc nec mens mihi nec color
Certa sede manet, humor et in genas
 Furtim labitur, arguens
Quam lentis penitus macerer ignibus.

Uror seu tibi candidos
Turparunt humeros immodicæ mero
Rixæ ; sive puer furens
Impressit memorem dente labris notam.

Il est beaucoup d'amants qui, pour être guéris des atteintes de cette passion, feraient à Vénus la même prière que le lord Lyttelton. Oui, lui dit-il en parlant de sa belle :

No watchful spies i ask to guard her charms,
No walls of brass, no steel-defended door;
Place her but once, within my circling arms,
Love's surest fort, and i will doubt no more.

Nous resterons muets sur les preuves relatives aux femmes, car quand on ambitionne leurs suffrages, il faut mériter près d'elles par quelques petits sacrifices.

LES SERMENTS.

Puissante reine de Cythère, j'en atteste ton char, tiré dans les airs par les tendres oiseaux de Paphos, dont tu diriges le vol (1); j'en atteste ces flèches d'or que ton fils décoche aux mortels dont il veut faire le bonheur. J'en appèle au silence de la nuit, où nos amours furent scellés par tous les moyens que nous suggèrent nos feux réciproques. Je te prends également à témoin, belle Phœbé, qui brillais d'une lumière incertaine à travers le nuage qui te voilait, lorsque je me rendais aux lieux où je devais goûter le bonheur. Je ne t'oublierai point, ô Junon, qu'invoquent si souvent ceux qui vont se lier par un nœud conjugal, ni vous, lois mystérieuses que la déesse impose aux jeunes époux. Tu auras aussi part dans mon souvenir, verrou, si cruel à mon sort, cette nuit où ton cri réveilla sa mère, et toi lampe (2), qui brûlais d'une lumière défaillante, et qui reprenais une nouvelle clarté chaque fois que nous nous donnions des preuves réciproques de notre amour. Lit heureux, ah! quel plaisir m'en offre encore le souvenir, toi qui contribuas tant de fois à nos jouissances! je vous appèle tous, comme garants de mon serment (3). Je te citerai aussi bonne Lycinne qui, m'étant de plus en plus favorable, mérites par cette raison d'avoir part à mes largesses. Enfin je le jure par toi-même, Pancharis, j'aurais plutôt dû dire ma divinité, oui, je jure de ne vivre désormais que pour toi. Viens donc, unique douceur de ma vie, viens dans mes bras dissiper les doutes qui te restent sur mon amour; viens connaître quels désordres tes charmes excitent en moi, et le calme que toi seule peus leur apporter. Si tu ne veux point ma perte, accélère ton secours et ne mets aucun retard aux faveurs que me promet la déesse d'amour. D'où me vient ce sourire qui me ravit à mesure qu'il pénètre au fond de mon ame? Te consumerait-il ce feu dont je sens toujours la violence? Ah! revenons à ces jeux qui nous firent trouver la volupté suprême. Réitérons-les au gré de nos desirs, et que l'enfant aîlé les cache à tout indiscret. Applique tes lèvres brûlantes sur les miennes, et, nous joignant étroitement d'amour au milieu de nos plus grandes ardeurs, faisons ensorte qu'une seule ame suffise à l'existence de tous deux, jusqu'à ce que, succombant sous l'excès du plaisir, il ne puisse s'échapper de nous que la vie qui nous aura été commune.

---

(1) Ce sont les passereaux, oiseaux si lascifs, qu'Aldrovande dit avoir vu un mâle qui, en moins d'une heure, cocha sa femelle à vingt reprises différentes, étant prêt à reprendre ses

ébats, si elle ne se fût pas envolée. Chaque reprise s'annonçait avec le même empressement, les mêmes trépidations ou expressions de plaisir. C'est d'après l'observation de ce fait que Sapho, dans son ode à Vénus, transmise jusqu'à nous par Denis d'Halicarnasse, est la première qui ait dit que le char de cette déesse était tirée par des passéréaux.

(2) La lampe était chez les Grecs le seul moyen de se procurer de la lumière pendant la nuit ; et ce moyen paraît bien simple aujourd'hui que l'art a porté les objets de pareille utilité au plus haut point de perfection. Cependant en compulsant ce que l'histoire des premiers temps nous offre sur ce point, on y découvre une série de perfectionnement à laquelle ne pensent guères ceux qui jouissent machinalement des bienfaits de nos bons aïeux. Quelques éclats de bois résineux allumés furent sans doute le premier moyen que le hasard offrit, celui dont se servent les sauvages pour retrouver leurs hûtes et terriers. Ainsi Circé, au dire de Virgile, brûlait des éclats de cèdre pour s'éclairer la nuit.

Urit odoratam nocturna in lumina cedrum.

A Madagascar, sur la côte d'Angole, et dans le
Nord comme dans le Sud de l'Amérique, les
naturels fendent en filets quelques bois résineux,
les unissent avec quelques liens de même matière, et allument ces sortes de flambeaux com-
bustibles pour tenir leur route la nuit. Ceux qui
n'avaient point ces sortes de bois, sans doute en
oignirent d'autres d'huile ou de résine inflam-
mables, d'où l'on vint à mettre un morceau d'a-
mianthe dans de l'huile, puis une mêche qui
bientôt forma une lampe telle que l'offrent les monuments antiques et qu'on en voit dans les cabi-
nets des curieux. Enfin, long-temps après on découvrit la manière d'employer le suif et la cire
pour en former les chandelles et les bougies ; et
dernièrement l'art s'est surpassé dans ce qui a
été imaginé pour, d'après les notions chimiques
de l'air, tirer tout le parti qu'offrait le combus-
tible de l'huile.

LA COMPARAISON.

Je me promenais dernièrement sur le rivage de l'isle d'Icare (1) avec Pancharis, qui prenait plaisir à marcher sur la grève que le flux avait mouillée. C'était à l'entrée des plus grandes chaleurs : l'épi commençait alors à jaunir sur sa tige, et, prêt à mûrir, il donnait l'espérance de la plus belle récolte. La vague salée, lentement déroulée sur le sable, y amenait l'algue, le varec et autres plantes légères. La mer était dans le plus grand calme, autant que la vue pouvait s'étendre; elle offrait enfin une surface aussi plane que celle du plus bel étang. Le Soleil, dont le char d'or approchait des rives de l'Hespérie, répandait des rayons d'hyacinthe sur le côteau et le bois qui lui est voisin (2). La fraîcheur de l'air, qu'aucun nuage n'obscurcissait, commençait déjà à se faire sentir sur la rase campagne. Çà et là les Zéphyrs effleuraient de leurs ailes légères la superficie de l'onde, et multipliaient entre eux leurs jeux et leurs ruses. Ce morne silence de la plaine liquide fixait l'attention de Pancharis au moment où, sortant de sa rêverie, elle m'adressa ainsi la parole : « Que ce lieu a pour moi de charmes ! tout ce qui l'embellit me fait, en quelque sorte, jouir d'un bonheur que les dieux seuls peuvent connaître. Cette tranquillité de l'empire azuré, ces jeux folâtres auxquels s'abandonnent les Zéphyrs dans leur pétulante gaîté, tout est pour moi, en y refléchissant, un moyen de nourrir mon ame des plus douces illusions. Ah ! si l'amant de l'infortunée Héro eût traversé l'Hellespont sous un pareil auspice, il n'aurait point trouvé son tombeau dans les flots courroucés contre lui. » Elle parlait encore, qu'éprouvant l'influence de la plus pure volupté, ses joues se colorèrent d'un bel incarnat, qui indiquait sa sincérité. Tout-à-coup se répandirent sur l'onde les bruyants enfants de Borée et d'Orithye (3), et, se menaçant avec audace, ils commençaient à se porter de furieux coups. Aussitôt les flots s'élèvent, et le goufre mugit sous la mer qui le couvre. Le sable, dans le fond le plus bas, éprouve la violence de la tourmente qui exerce ses fureurs à la surface. Les flots s'amoncelant de tous côtés, forment d'énormes remparts, qui bientôt se fendant, viènent presser ceux qui s'élèvent auprès d'eux. Le rivage retentit sous la vague qui le frappe, et la rage de Neptune vient s'assouvir sur les rochers menaçants qui la bravent. Un voile obscur cache le sein azuré d'Amphitrite, et au loin s'accumulent les nuages ténébreux que sillonnent les éclairs qui parcourent l'horison. Il tonne, et la nature entière n'offre que dangers aux habitants de la ville, de la campagne, et à tout vaisseau qui fait voile sur le liquide élément. Pancharis pâlit à la vue d'une telle horreur, et en vain pour la retenir, dans la frayeur où elle est, je lui adressais des paroles de consolation : elle fuit ; mais en fuyant elle invoque la clémence des cieux, pour qu'il n'arrive aucun malheur sur terre comme sur mer. O mon amie, lui disais-je en la suivant, soit que tu me souries ou que tu me fasses quelques reproches, tu vois ton image dans ce double tableau de l'Égée. Lorsque m'adoucissant par ta candeur les peines de l'amour, tu accompagnes mes larcins des plaisirs qui leur donnent de la valeur ; quand l'approche de la volupté, en te rappelant de ta langueur, te jète dans une nouvelle ivresse, crois-moi, Phébus, dans tout son éclat, me sourit moins agréablement que toi, et la mer, alors paisible, est moins silencieuse pour moi. C'est en ce moment que l'Amour m'offre les plus agréables jouissances, et que je ne crains aucun des maux qu'on éprouve sous son aimable empire. Je me complais dans mon sort, et, considérant tous ses avantages, je cherche à serrer mes liens, m'inquiétant peu des malheurs qui me menacent. Mais du moment que la tristesse ride ton front, et que les soucis changent la régularité de tes traits; lorsque l'épouvante jète le trouble dans ton ame, ou que la colère convulse tes beaux yeux, tout est changé pour moi, la tempête me menace, et les ondes, arrachées du fond de la mer, viènent exercer toute leur fureur à sa surface. C'est alors que je vois les affreux combats que se livrent les autans, et que j'entends les rugissements de Neptune, qui semble déchaîner ses fureurs contre moi. Oui, le nocher inquiet, mais qui n'est point encore abattu par la violence du danger, pâlit alors moins que moi, dans les efforts qu'il fait pour tenir en route son esquif. Incertain où je pourrai trouver du secours, comme lui je tâche d'aborder au rivage; mais mon cruel destin s'oppose à mes efforts. L'implacable Amour me retient en mer, et, devenu le jouet de l'élément courroucé, je suis porté çà et là, pour être victime de ses cruels caprices. Ainsi, indigné du tourment où tu me tiens, je médite des paroles de reproches pour suivre ton exemple. Alors la colère m'agite, je l'exhale en plaintes aussi amères que la rigueur de mon sort le demande. Secouant les chaînes que je porte, je veux m'éloigner de toi; mais mon impitoyable sort s'y oppose : l'Amour me retient sous ton pouvoir. Malheureux que je suis! je souffre loin de toi, je suis tourmenté à ton approche : ainsi, ta présence comme ton absence me sont un égal sujet de peine.

---

(1) Cette isle qui est aujourd'hui connue sous le nom de Nicarie, est dans la mer Égée, au Nord de l'isle de Pathmos, et à l'Est de celle de Samos. Elle a reçu son nom du fils de Dédale qui y périt, au dire de Pausanias, et y fut enterré par Hercule. Diane y avait un très-beau temple, appelé Tauropolium.

(2) Ceux qui ont médité et qui méditent encore sur leurs sensations, se rappèleront avec plaisir celles dont ils furent agréablement affectés quand, par une belle soirée d'été, ils ont vu le soleil en se couchant éparpiller ses rayons dorés qui, traversant le feuillage obliquement, paraissent comme autant de filets alongés et lumineux. Quel que soit le mélange des couleurs que puisse employer un peintre pour rendre cet effet sur sa toile, quelque variées que soient les épithètes qui sont à la disposition du poète pour transmettre à d'autres le sentiment qu'il a éprouvé en pareille circonstance, le tableau qu'en offre l'un et l'autre est faible en comparaison de celui de la nature. C'est sans doute à l'observation de ce phénomène qu'on doit la belle chevelure d'or que le stilet et le pinceau des anciens accordèrent au dieu de la lumière, qui, dans sa course journalière, nous la distribue à mesure qu'il s'avance vers l'Occident.

(3) Ce sont Zétès et Calaïs, jumeaux d'une rare beauté et possédant toute la vigueur de leur père. La fable dit qu'au moment où ils entrèrent en puberté, il leur sortit des épaules des ailes couleur de pourpre, que leurs cheveux de-

vinrent azurés, qu'alors ils s'embarquèrent avec les Argonautes, et que, chemin faisant, ils délivrèrent leur beau-frère Phinée des harpies qui le harcelaient continuellement, et qu'ils chassèrent ces monstres jusqu'aux isles Strophades. Au dire de quelques-uns, ils succombèrent, dans l'isle de Ténos, sous le corps d'Hercule, aux funérailles de Pélias. Les dieux, touchés de leur mort, les changèrent en vents, qui se sentirent de la force de leur père.

LA PRÉCAUTION.

O AMIE la plus chère, trésor le plus précieux que je puisse posséder, mon premier et mon dernier amour, si tu as quelque confiance au plus grand de mes serments, pourquoi cette joie expansive que tu me témoignes si souvent devant tout le monde? Pourquoi, lorsque tu te livres à ces jeux où la gaîté et les ruses président, es-tu la première à exciter sur moi l'attention de ceux auxquels je cherche avec raison à me soustraire? Ah! si tu es prudente, évite de me donner de si grandes preuves d'intérêt. Cache sous le voile de l'indifférence la tendresse que tu m'as vouée, et fais ensorte que le jour ne divulgue point les mystères de la nuit. On dit que la Folie fut condamnée à servir de guide à l'Amour, en punition de ce qu'elle l'avait privé de la vue. Cette action est un grand crime, je l'avoue; eh bien! que la Prudence le remplace; ainsi la coupable pourra mieux rappeler de son jugement. Jouissons du bonheur furtif que l'Amour nous accorde, pendant que le sort nous sourit si agréablement. Échangeons souvent nos ardeurs, mais prenons garde, de part et d'autre, en secret comme en public, que nos feux ne soient découverts (1). Ah! de combien de maux l'imprudence en amour n'a-t-elle pas été suivie, et avec quelle facilité se laissent entrevoir des feux favorisés? Aye donc de la prévoyance à l'égard de ta mère; ne sois pas sans inquiétude sur ta sœur; car une lumière, quelque bien cachée qu'elle soit sous un boisseau, ne donne que trop souvent des indices de sa présence. Modère-toi sur ta gaîté; ne m'adresse point si souvent la parole; ne rougis point à mon arrivée, comme c'est ta coutume. Ne me jète point dans l'embarras par tes clignotements, tes agaceries, et ces autres signes qui sont toujours trop éloquents devant tes compagnes. Prends garde de faire paraître le moindre soupir, encore moins de trop faire sonner les baisers innocents que tu pourras me donner en présence de quelqu'un. Evite sur-tout les équivoques, qui, mal saisies, pourraient tourner à notre désavantage. L'exactitude à suivre mes avis ôtera, je l'avoue, quelque chose à ton amabilité ; mais les circonstances l'exigent, et avec elle notre liaison ne pourra éprouver aucun trouble. Ah malheureux ! qu'ai-je dit ? je me perds en voulant te sauver. Actuellement je me repens de ma prévoyance. Oui, Pancharis, je t'ai donné quelques conseils ; mais, rappèle-toi bien qu'il s'agit ici de feindre. Si tu te refuses à ce que je te demande, insensiblement tu sentiras ton ardeur s'éteindre, et le feu dont tu brûlais pour moi se changera en pure indifférence. Je te le répète, tu ne dois que feindre, et quand nous n'aurons aucuns témoins, redeviens ce que tu fus toujours pour moi. Avec cette sage précaution, nous n'avons que des nuits heureuses à espérer sous les favorables auspices de Vénus.

---

(1) Parny, l'aimable précepteur d'amour, dit :

Durant le jour, tu n'es plus mon amante :
Si je m'offre a tes yeux, garde-toi de rougir;
Défends à ton amour le plus léger soupir;
Affecte un air distrait; que ta voix séduisante
Evite de frapper mon oreille et mon cœur;
Ne mets dans tes regards ni troubles ni longueur.

LES IMPRÉCATIONS.

Envieux, que le bonheur d'autrui tourmente ; dont la langue est humide du fiel le plus âcre (1) ; qui fais si peu de cas des plaisirs que l'Enfant de Cythère donne à ceux qu'il favorise ; toi que sa mère éloigne avec raison de ses autels ; qui, rongé de jalousie, desires les faveurs qu'elle nous prodigue, et, ne pouvant les partager, mets ton plaisir à troubler notre félicité, crains la colère de Vénus et les traits cruels de son fils, traits dont la piqûre prive bientôt les amants de leur raison. Crains leur pointe acérée, humide d'un noir poison, qui fait des ravages d'autant plus funestes, qu'il pénètre plus profondément. Oui, cruel, que ce dieu puissant dirige au plutôt sur toi une de ses flèches à pointe d'or, pour troubler tout le repos dont tu jouis, et que tirant ensuite de son carquois un trait de plomb, il le lance aussitôt sur ta belle. Ainsi, que sa sagesse augmentant en proportion de tes feux, elle n'en soit que plus contraire à tes vœux. Qu'elle te promette les plus tendres baisers, mais que toujours elle te les refuse. Si elle feint de te les accorder, qu'un autre, plus agile, s'interpose entre elle et toi pour les recevoir. Que sa porte te soit toujours fermée, même dans la saison la plus rigoureuse, et que les brouillards d'une froide nuit remplacent les plaisirs que tu comptais goûter avec elle. Quelque vives que soient les prières que tu lui adresseras, que, peu touchée de ta peine, elle reste paisiblement dans son lit. Enfin, puisses-tu toujours aimer, sans pouvoir obtenir d'elle la moindre récompense ! Si cependant cette belle, fatiguée de tes importunités, te donnait un rendez-vous, que les pavots exhalent alors sur elle leurs froides vapeurs ; que les portes, s'ouvrant difficilement, gémissent sur leurs gonds; qu'alors les chiens éveillés annoncent ta présence par leurs aboiements, et qu'ils redoublent ainsi tes craintes, sans que l'apocin (2) que tu leur jèteras, puisse t'en débarrasser. Que si le sort t'est favorable, et qu'enfin, sous de bons auspices, tu arrives jusqu'à sa couche, que ses charmes te soient cachés sous le lin le moins transparent, et que sa ceinture, plus serrée, mette un nouvel obstacle à tes feux. Si toutefois elle était tourmentée par le desir de la jouissance, puisses-tu, éprouvant l'effet d'un charme, rester nul sur la couche où tu comptais trouver la volupté. Tu connaîtras alors ce qu'est l'Amour, quelles peines cruelles marchent à sa suite, et combien il est difficile de se dérober à ses coups. Enfin, que rien ne réussisse au gré de tes desirs; mais que tout au contraire y réponde, si tu es le premier à cacher mes amours.

(1) Que gagnent les hommes, dit Pindare dans une de ses Pythiques, avec sa sublimité ordinaire, à croire toutes les méchancetés utiles seulement à ceux qui les répandent? Loin de moi cette abominable fausseté; je n'y plongerai pas plus que le liége qui nage sur la surface de la mer, et qui, loin de se laisser submerger, empêche le malheureux naufragé de se noyer.

(2) Plante qu'on trouve dans le treizième ordre de la huitième classe des dicotylédones monopétales à corolle hypogyne, entre le periploca et l'asclépias. On la désigne sous son nom français à raison de ce que les graines de cette plante sont entourées d'un duvet fort épais. Les anciens la regardaient comme un poison certain pour les chiens.

L'ÉMIGRATION.

O séjour odieux, toujours contraire à mes jouissances ; lieu où la crainte mêle si souvent son amertume à mes amours ! Déjà un essaim importun d'amants bourdonne autour de nous, et partout toujours aux aguets, il s'oppose à ce que nous puissions tenir nos feux long-temps cachés. Ah ! éloignons-nous au plutôt, Pancharis; allons jusqu'aux rives de Canope (1), qui nous promettent une demeure plus agréable et une tranquillité plus durable. L'Amour, qui nous donne l'assurance d'un plus parfait bonheur, nous y convie d'autant plus, qu'il hait les bruits importuns de la médisance, et qu'il fuit le tracas des villes. En vain cherchons-nous les moyens de vivre en paix, si la tranquillité est étrangère à ce séjour. Non loin de là est l'isle riante de

Cirrhée, que soutiènent des rochers élevés, entourés de toutes parts de basfonds, qui rendent son accès si difficile. Elle est, dit-on, sans habitants; l'air y est serein et doux, et lorsque la canicule y dessèche l'herbe des prairies, le sol en est rafraîchi par les pluies et d'agréables zéphyrs. La nature, toujours nouvelle, y sourit en répandant avec profusion ses largesses. De nombreux ruisseaux, fuyant çà et là, à travers l'herbe émaillée, y font entendre leur doux murmure, et leur course se termine à la mer par la pente la plus douce. La terre humectée n'a pas besoin du hoyau ni de la charrue pour que les arbres, à la chûte des fleurs, portent leurs fruits succulents. L'odorant ananas y croît pour affecter agréablement le palais; et la vigne, sans culture, y fournit ses grappes délicieuses. Le nautonnier que le hasard y amène cueille sur l'oranger un fruit doré qui suffit pour appaiser sa soif. Les branches succombent sous le poids des fleurs et du fruit, qui, paraissant en même-temps, n'en embellissent que plus le feuillage. Les arbres odoriférants laissent continuellement échapper de leur écorce un baume si suave, que le sol de l'Arabie heureuse n'en a point encore donné de pareil. La laitue et la pomme de Cydon (2) que nous aurons semées, nous fourniront l'aliment dont nous aurons besoin. Nos tasses seront toujours remplies de lait et d'hydromel. C'est là que nous pourrons mépriser les menaces du sort, et que nous serons au-dessus de toutes les vicissitudes, qui jusqu'ici ont rarement été pour nous. Nous y jouirons ensemble des loisirs d'une vie paisible, et finissant ma carrière au milieu des jouissances que tu me procureras, je trouverai encore assez de chaleur sur ton sein pour chasser le froid de ma vieillesse. Une famille chérie dissipera nos ennuis, et, toujours joyeuse, elle nous donnera les secours que notre grand âge pourra demander (3). Ah! puisse un sort pareil nous arriver un jour, et dès à présent je suis prêt à céder aux ordres du destin. Là, quand le dernier jour de ma vie sera venu, j'obéirai à la dure nécessité, pour subir, plein de confiance dans l'équité de mes juges, le sort que m'aura mérité ma conduite passée. Hélas ! que pourrais-tu desirer davantage ? l'Amour nous offre cette retraite ; qu'il nous y conduise au plutôt par la route la plus sûre. C'est là que nous pourrons trouver le repos en jouissant de nos mutuelles ardeurs, sans qu'aucune langue méchante nous atteigne. Là, hors de toute surveillance, excitée par mes feux, par ceux que tu éprouves, tu feras heureux celui qui te rendra le change dans le cours d'une vie qui sera commune à tous deux. Que la fortune viène donc au plutôt seconder nos desirs, et que Cythérée nous sourie ; adieu, dès-lors, richesses, honneurs et amis ! Pancharis, en m'accompagnant, vous remplace ; elle me tiendra lieu de toutes vos faveurs. Viens donc, source de mes plaisirs, viens; le ciel est sans nuage, et quoique la nuit soit obscure, tu peux néanmoins me suivre. Hâte-toi, avant que l'Aurore, vêtue de sa pourpre, n'attèle les chevaux à crinière d'or au char du Soleil. Déjà l'astre de Vénus s'élève de l'horison avec une clarté plus brillante, il est pour nous le plus favorable présage. Ainsi cette déesse qui naquit du liquide empire, et qui a conservé sur cet élément un si grand pouvoir, nous promet un voyage heureux à travers tous les dangers. Éole, qui nous est favorable, a renfermé les vents dans leurs retraites; il ne reste que les Zéphyrs, qui, sillonnant la surface de l'onde, rafraîchissent le sein de la belle Amphitrite. Ne crains donc aucun malheur. N'entends-tu pas Triton qui, embouchant sa trompe, fait retentir au loin sa joie que les Néréides ingénues (4) partagent dans leurs jeux? Déjà, traîné par ses chevaux hennissants sur le crystal qu'il parcourt, il les devance avec cette majesté qui convient au fils de Neptune. O vous, filles azurées de la belle Doris, déferlés les voiles de notre barque prête à s'ouvrir un chemin sur les voûtes de vos diaphanes demeures. Si l'Amour visita vos humides palais, favorisez des voyageurs que guide la constance. Viens, bonheur de mon ame! pourquoi t'abandonner encore à de vaines frayeurs; aye confiance dans le succès. Déjà, en nous devançant, l'Amour nous éclaire de son flambeau : j'ai tout disposé; viens, pendant que l'heure nous favorise. La barque nous attend sur le rivage; viens. Pourquoi tant redouter les hasards de la mer? Défie-toi moins de cet élément que j'ai tant de fois parcouru sans danger : s'il venait à s'irriter quand nous serons sous son pouvoir, mes bras te presseront sur un sein où tu pourras déposer toutes tes frayeurs.

---

(1) Isles de la mer Méditerranée, à l'embou-

chure du Nil en Égypte. Elle doit son nom à Canobe, pilote de Ménélaüs, qui y mourut. Le climat y est très-agréable, et Virgile, dans ses Géorgiques, vante beaucoup le bonheur de ceux qui l'habitent.

. . . . . . *Pellœi gens fortunata Canopi.*

(2) Ce fruit est le coing, originaire de l'isle de Candie, et dont les anciens Grecs faisaient un très-grand cas, le regardant en quelque sorte comme l'emblême du bonheur en amour; aussi l'avaient-ils dédié à Vénus. On en décorait le temple de cette déesse à Chypre, à Paphos. Au rapport de Pline, on ne se contentait pas d'en embellir les salles d'audience, on en ornait encore les statues des dieux qui présidaient à la couche nuptiale. Plutarque cite, dans ses Préceptes sur le mariage, une loi de Solon, par laquelle il était ordonné aux nouvelles mariées de manger de la chair de coing avant d'entrer dans le lit nuptial ; ce qui signifie que leur voix devait toujours être aussi douce que leur haleine.

(3) « Le vrai bonheur, dit Pindare, dans une de ses Pythiques, est celui que goûtent les sages

dans une fortune médiocre, au milieu des vertus communes. Ceux que l'envie dévore, sont punis par leurs propres vices. Calme et tranquille alors, au faîte de la félicité, on ne connaît aucune des passions orageuses qui portent l'amertume avec elles. Arrivé à l'extrême barrière où la mort noire nous attend, on finit doucement, parce qu'on laisse des enfants chéris, un nom pur, le plus beau des héritages. Tel fut le bien que reçurent Castor et Pollux, enfants des dieux, ces deux frères généreux qui passèrent alternativement de Thérapné à l'Olympe. »

(4) Filles nombreuses de la nymphe Doris qui eut l'Océan pour père, Thétis pour mère et Nérée pour époux. Hésiode est le premier auteur qui en ait parlé. Depuis lui les poètes étendirent ce nom aux princesses qui habitaient les bords de la mer et firent fleurir la navigation. Les temples des Néréides étaient sur les côtes; ainsi Dolo, au dire de Pausanias, en avait un à Gabola où on lui offrait du lait, du miel et de l'huile. On les représente comme de jeunes filles, ayant des guirlandes de perles sur leurs cheveux relevés avec des branches d'algues. Elles sont assises sur des dauphins et tiènent une branche de corail en main.

LE REMÈDE.

O nouvelle Terpsichore (1)! si exercée dans l'art de la danse, selon le mode égyptien (2); toi, dont la voix dirigée par les règles de la mesure, entraîne à la surprise les personnes les plus sévères; instruite par moi sur tant de choses qui contribuent à ta gloire, viens aujourd'hui à mon aide, et prenant pitié de ma situation, favorise des vœux que tu fais naître. Ah! je languis sur la couche de douleur, et il n'est dans les champs aucun remède qui puisse calmer les maux qui me consument; oui, toi seule peux me les rendre supportables. Si tu n'accélères ton secours, ma fin est proche, les ressorts de ma vie se désunissant comme l'eau quand elle coule d'un glaçon qui se fond. En vain, favoris d'Esculape, vous m'apportez tous vos soins; le trait, profondément enfoncé dans mon cœur, y reste obstinément fixé, et aucune herbe cueillie dans les forêts de Cytée (3), même la circée, aucune fleur bouillie dans l'airain de Médée, ne peuvent me soulager. Tu es seule la cause de mes maux, par le refus que tu as fait d'acquiescer à mon dernier conseil. Voilà d'où dérivent mes souffrances. Prévoyant les tristes circonstances dont nous sommes menacés, je ne vois et ne puis prédire que malheur pour nous deux. Enfin, connaissant les causes de ma langueur, aye pitié de celui qu'elle accable, écarte d'elle tout ce qui pourrait l'irriter. Viens vers moi, accorde à mes maux le remède le plus infaillible, et qui seul peut opérer ma guérison. Naurais-je pas été bien plus sage si, plus indifférent sur tes charmes, lorsque j'étais près de toi, j'eusse mis moins de zèle à mes leçons? De cette manière, je me serais garanti des atteintes d'une cruelle qui m'anéantit par son insouciance. Vous que l'Amour appèle sous son aimable empire, et qui croyez trouver le parfait bonheur dans les charmes attrayants d'une belle, instruits aujourd'hui par mon exemple, gardez-vous de devenir le précepteur d'aucune, si le repos vous est de quelque prix. Ah, quelle est mon erreur ! Je demande du secours à une volage, et la cruelle me le refuse. Viens, ingrate, viens par ton haleine, réchauffer un malheureux, dont le sang glacé s'arrête dans les veines. Ma vie s'échappe, et déjà le bûcher s'apprête pour moi. Arrive donc et offre-moi enfin le seul secours qui me reste. Oui, un baiser pareil à ceux que naguères tu me donnais, pour que je te les rendisse tout échauffés de mon pur amour. L'odeur de thym, de rose et de canelle, dont il sera parfumé, sera pour moi le meilleur remède. O bel enfant de Cythérée ! je le jure par tes flèches, mon encens brûlera sur ton autel, si ce baiser produit sur moi l'effet que j'en attends.

(1) Terpsichore est un mot composé du grec, *terpsis*, qui veut dire plaisir, et de *chorè*, qui signifie danse. Les poètes donnèrent cette dénomination à la muse qui préside à la danse. Les peintres la représentent comme une jeune fille que la gaîté anime. Elle est entourée de guirlandes ; ses cheveux bouclés sont négligemment retenus par un lien. Elle tient une harpe qu'elle pince pour régler ses pas selon la mesure. Quelques mythologues la font mère des Syrènes.

(2) Ce mode donnait l'ame à la danse et la rendait singulièrement expressive. Il ne se bornait pas dans la manière de faire agir les pieds, il s'étendait encore aux divers mouvements dont toute l'habitude du corps était susceptible, et aux repos intermédiaires qui faisaient valoir le geste. C'est ainsi qu'allant du mouvement simple au composé, et réunissant en lui tous les rithmes, il devenait l'interprète des passions les plus variées et les plus vives. Le chant accompagnait ordinairement la danse, et indiquait à l'acteur comment il fallait varier son caractère. Xénophon offre sur celle-ci tout ce qui était connu de son temps sur ce mode, lorsqu'il décrit dans son Anabase le repas que lui donna Senthès, roi de Thrace.

(3) Ces forêts sont près de la ville de ce nom, dans la Colchide, aujourd'hui la Mingrelie, pays célèbre pour avoir été la patrie de Médée. Elles étaient en grande réputation chez les anciens, par rapport aux plantes qu'en tiraient tous ceux qui se mêlaient de sortilèges et d'enchantements, à peu près comme sont aujourd'hui les montagnes de la Suisse, pour les simples que les saltimbanques débitent sur les places publiques, comme propres à guérir toutes sortes de maux. Les empires passent, les cités disparaissent, les peuples autrefois célèbres ne vivent plus que dans l'histoire; les préjugés et l'intérêt sont les seuls qui, dans ce flux et reflux de changements, restent toujours les mêmes.

LES SOTÉRIES.

Fille du bon Esculape, espérance et salut de celui qui languit sur son lit, brillante émanation du ciel, ô Hygie (1)! accélère au plutôt ton retour. Toi, dont le sourire chasse au loin la cause de tous les maux, descends vers moi avec toute ta sérénité. Soit que, balancée sur tes aîles joyeuses, tu diriges ton vol vers les régions de l'Hespérie, ou que tu planes vers les zones de la grande Ourse (2), que les rives de l'Aurore te plaisent plus, ou que tu préfères le pôle Austral, partout tu répands également à pleines mains les sources de la vie. Dès que ta riante puissance parcourt les espaces de la lumière, la cohorte nombreuse de toutes les maladies, quoique tenant encore par de profondes racines, n'en fuit pas moins, chassée par les Jeux qui t'accompagnent;

et perdue au loin, elle se plonge dans les noires eaux du Styx. Envain, les neuf sœurs qui habitent les montagnes de l'Aoonie, apportent-elles à mes maux leurs douces consolations, mes forces n'en sont pas moins défaillantes : le feu de mon génie languit à la voix de Proserpine qui m'effraye déjà par ses menaces. Viens à moi, déesse que j'implore, et prenant pitié de mon sort, secoue sur mes membres glacés ta divine influence, et fais que les ondes de mon sang, échauffées par elle, coulant plus facilement dans leurs canaux, ramènent à mes joues affaissées leur premier éclat. O mon seul refuge ! sois propice à la prière que je t'adresse, dans l'espérance où je suis de mon retour à la vie, si toutefois les Parques ne pensent point encore à en abréger le cours. Entoure mes tempes creuses d'une guirlande humide des pleurs de l'Aurore ; que ton souffle rafraîchisse ma peau, et que, pénétrant mes entrailles, il viène amortir le poison destructeur dont la violence me menace du plus grand danger. On dit que tu te plais à errer dans les bosquets de Paphos, dans ces délicieuses retraites où les Graces, mollement couchées sur le gazon, entremêlent agréablement leurs voix moelleuses et marient les harmonieux accords de leurs harpes en l'honneur de Vénus, pendant que la jeunesse, çà et là, forme des danses qu'elle anime de son chant. J'irai en ces lieux de plaisirs, car, dans la langueur où je suis, je ne puis que trouver des charmes sur les côteaux exposés aux regards d'un soleil bienfaisant, dans des lieux carressés par l'haleine embaumée des légers Zéphyrs, et où je respirerai ton souffle vivifiant. Actuellement que l'aube-épine, chargée des perles de l'Aurore, exhale ses plus suaves odeurs, Flore m'appèle dans les détours les plus inconnus, pour m'indiquer les plantes printanières qui, contenant en elles des germes de vie, pourront me fournir les sucs les plus effi-

caces pour la maladie qui m'opprime.
Déjà, dans l'espérance où je suis du succès, une force nouvelle parcourt plus gaîment mes membres. Oui, j'ai découvert le remède sur lequel je dois compter, celui qui pourra ranimer mes organes les plus frêles ; mais où en trouver un aux soucis qui me dévorent ? Hélas ! malheureusement, je l'ignore.

---

(1) Déesse que les Grecs honoraient comme la dispensatrice de la santé. Dans un temple de son père, à Sicyone, elle avait une statue, couverte d'un voile, à laquelle les femmes de cette ville dédiaient leur chevelure. Dans une de ses mains était un vase contenant une pâte de farine de bled et d'orge, qu'on nommait mara ; dans l'autre, elle tenait un serpent, auquel elle donnait à manger cette pâte. Sur les médailles elle paraît couronnée de plantes médicinales ; quelquefois elle est placée devant un autel au-dessus duquel un serpent qui l'environne s'élève

pour prendre quelque chose dans une patère qu'elle lui présente. Elle a l'apparence d'une jeune Nymphe, à l'œil riant, au teint frais, à la taille légère; elle porte un coq sur la main droite, et de l'autre elle tient un bâton entouré d'un serpent. Rien de plus frais que le tableau allégorique que Gresset en trace lorsqu'il dit :

> Il est une jeune déesse
> Plus agile qu'Hébé, plus fraîche que Vénus ;
> Elle écarte les maux, les langueurs, la faiblesse :
> Sans elle la beauté n'est plus.
> Les Amours, Bacchus et Morphée
> La soutiènent sur un trophée
> De myrtes, de pampres orné,
> Tandis qu'à ses pieds abbattue
> Rampe l'inutile statue
> Du dieu d'Épidaure enchaîné.

(2) Homère est le plus ancien des poètes qui ait fait mention de cette constellation d'une manière à prouver ses hautes notions dans la science des astres. En parlant, dans son Odyssée, d'Ulysse revenant à Ithaque, il continue en disant : « Plein de joie, il déploie ses voiles, et prenant le gouvernail, il se met à conduire son esquif, sans laisser appesantir ses paupières par le sommeil. Il regarde attentivement la Pléiade Arc-

ture, qui se couche si tard, et la grande Ourse, qu'on appèle aussi le Chariot, lequel tourne sans cesse sur le pôle, en observant Orion, seule constellation qui ne se baigne jamais dans les eaux de l'Océan. » Les anciens qui ont embelli tant de sujets, en les revêtant des brillants ornements qu'une féconde mythologie leur offrait, disent que cette constellation était fille de Lycaon, une des favorites de Diane. Jupiter, sous la forme de cette déesse, la rendit mère d'Arcas. Diane qui découvrit sa grossesse, la chassa de sa compagnie; et Junon, encore plus cruelle, la changea en ourse. Jupiter la prenant alors en pitié, l'enleva avec son fils Arcas, et les plaça au pôle Nord du ciel.

LE FANTÔME.

Les Augures me trompent (1), il n'est plus d'espérance pour moi, tant que Pancharis fuira le lit de souffrance où je vais trouver ma fin. Ah ! pourquoi chercher à diminuer la violence de la maladie qui m'opprime, si celle qui me jura la plus grande constance, brûle d'un feu qui m'est étranger ? Devais-je m'attendre à un pareil forfait ! Il est donc perdu pour moi, ce temps que j'ai employé à cultiver ses talents et à orner son esprit ! Nature, oui, j'obéis à tes ordres et ne leur oppose aucune résistance ; si la Mort au teint noir, doit bientôt mettre le terme à mes maux. La voilà, cette inexorable, et déjà elle m'ouvre l'abîme où tout se décompose pour, de nouveau, se reproduire. Hélas ! en mourant, j'emporterai avec moi la conviction de l'oubli où me laisse celle qui reçut ma foi ; et, dans ce triste moment, la cruelle se refuserait à me donner une dernière preuve de sa constance ! O implacable Lachésis ! pourquoi, si ce sort affreux m'était réservé, n'as-tu pas coupé plutôt le fil de ma vie ? On ignore, et sans doute on ignorera long-temps, ce qui se passe sur les rives de ces noirs marais, dont les eaux stagnantes entourent le triste empire de Pluton. Cependant, s'il m'est donné d'en sortir ; si je suis plus heureux que ne le fut la jeune Euridice, je reviendrai sur mes pas ; j'en appèle au Styx, sur la vérité de mon serment (2). Je reviendrai, et m'assurerai si ceux qui me furent chers, conservent encore de moi quelque souvenir. Je ne paraîtrai point sous un dehors effrayant et faisant un bruit qui puisse me faire craindre ; mais je m'avancerai clandestinement et sous une forme qui ne pourra que plaire. Ainsi, ceux que la nouveauté de mon retour aurait pu surprendre, n'auront

aucun motif de me fuir ; car , quoique
descendu sur les sombres rives, en en
revenant, je ne m'en étudierai que plus
à paraître agréable à celle qui m'ouvre
le tombeau. Je lui serai toujours dévoué,
quoique oublié d'elle, m'inquiétant peu
de la récompense que me mériteront mes
soins. En quelque lieu qu'elle porte ses
pas, je la suivrai sous l'apparence d'un
Zéphyr le plus léger; je jouerai dans sa
chevelure, et la ferai voltiger sur ses
blanches épaules, pour qu'elle lui exhale
les odeurs les plus suaves dont elle sera
chargée. Alors, de mon souffle embaumé,
rafraîchissant son haleine et son sein,
je lui donnerai encore des preuves répétées de mon premier amour. Si la rose,
près d'elle, donne une odeur plus agréable, si la fraîche violette ajoute à ses
cheveux le charme qui les relève, si ses
joues se colorent d'un nouvel incarnat;
que se couchant sur l'édredon, elle y
repose plus mollement; si l'air, doucement agité, lui apporte le plus doux mur-

mure de la flûte ; si les émanations des pavots qui ornent son parterre engourdissent ses sens lorsqu'elle ira s'y promener à la chûte du jour ; si les mouvements qui agitent son sein détournent la gaze qui le couvre, et que, par leur fréquence, ils y appèlent les baisers ; tout cela sera l'effet de mon zèle. O toi que j'adore encore, malgré toute ton indifférence, je ne te demande qu'un sourire pour récompense de ces attentions que me suggérera alors mon amour. Ainsi, quand j'irai te trouver la nuit, et que ma voix s'exhalera doucement en soupirs langoureux, tu t'imagineras entendre de nouveau la douceur de cette lyre qui t'éprouvait lorsque j'en touchais mollement les cordes. Bien plus, j'ajouterai les prestiges de l'illusion au charme de ton sommeil, et, dans la nudité où je serai, j'imaginerai de nouveaux moyens pour te plaire. Sous le pouvoir de Morphée, tu ne pourras me refuser aucun de tes charmes ; j'en parcourrai tous les détours pour y cueillir les lis et les roses qu'ils pourront m'offrir. O sein d'albâtre, sur lequel se reportent toujours mes pensées, tu éprouveras encore les marques de mon ardeur. Vains ressouvenirs ! de tous ceux qui sont descendus vers le champ des larmes, il n'en est encore revenu aucun qui m'instruise si mes projets pourront se réaliser.

---

(1) L'augure ou l'ornithomanthie, était une sorte de divination qu'on obtenait du chant, du vol ou de la manière de manger des oiseaux. Cet art, né dans la Chaldée, passa aux Grecs, où il fut long-temps en vigueur chez ce peuple, malgré ce qu'avait fait Euripide pour lui porter atteinte. Porté à Rome, il y prit de profondes racines, et les descendants d'Énée, ignorants malgré toutes leurs victoires, lui donnèrent une telle croyance, qu'ils établirent un collège d'augures, composé de neuf personnages dans les derniers temps, dont quatre Patriciens et cinq Plébéiens.

Ce collège, respecté comme l'interprète du langage des dieux, était consulté toutes les fois qu'il s'agissait de quelques entreprises importantes; et les oracles qu'il donnait, étaient tellement crus, qu'un général d'armée, ou tout autre chef qui se serait opposé à leur exécution, aurait été puni de mort. Les oiseaux dont on prenait l'augure dans le vol, étaient l'aigle, le vautour, le corbeau et les corneilles. La manière de manger s'observait chez les poulets qu'on nourrissait dans les cours du collège, et qu'on nommait sacrés pour cette raison.

(2) Homère est, de tous les poètes grecs, celui à qui ce serment fut le plus familier; témoin, dit Pausanias, à cet égard, celui de Junon, lorsqu'elle dit :

J'en atteste le ciel, la terre et les enfers ;
J'en atteste du Styx l'eau qui tombe sans cesse.

L'eau du Styx, au rapport de ce voyageur, dégoutte continuellement d'un rocher très-haut, près des ruines de Nonacris, et se rassemble ensuite dans le fleuve Crathis. Elle est funeste aux hommes et à tous les animaux qui en boivent. Serait-ce par cette raison qu'Homère en forme un lac dans les enfers ? Quoi qu'il en soit, le jurement par le Styx était, chez tous les poètes de l'antiquité, le grand jurement des Dieux ; « Et cela, dit Servius, parce que les Dieux étant gais et heureux, ils prenaient ce fleuve de douleur à témoin, comme étant un objet entièrement opposé à leur état de bonheur ». Hésiode, dans sa Théogonie, dit : « Que lorsqu'un des Dieux a menti, Jupiter lui envoie Iris pour lui porter de l'eau du Styx, sur lequel le faussaire doit jurer; et s'il se parjure, il est une année sans vie et sans mouvement, mais une de ces années qui en valent plusieurs milliers ».

LA PROPHÉTIE.

Quoi! es-tu donc dans un délire pour ainsi douter des inquiétudes où je suis au milieu des dangers que tu cours ? Eh! comment, liée à toi par des chaînes aussi fortes, pourrais-je me refuser à ces doux sentiments que tu m'inspires, et que je regarde comme une des plus grandes faveurs que m'a faites l'Amour. Peux-tu réellement croire, ô Zoroas, que ton sort ne m'affecte point ? Ah! loin de toi, si tu l'avais, cette idée qui est injurieuse à ma tendresse. Que l'on me regarde désormais comme plus fausse que la sibylle de Candie, si tu n'es pas pour moi l'objet qui me soit le plus cher. O mon ami! mon seul espoir présent et à venir, toi qui dois régler mes destinées, si ton frêle vaisseau est battu par la tempête, il n'est cependant point encore submergé ; et, quoiqu'il soit loin du port, il n'en viendra que plus sûrement au mouillage. Modère-toi donc sur tes plaintes, épargne-moi tes rigueurs, et arrête-toi à des idées plus agréables. Dissipe ces sombres nuages qui offusquent ta raison (1), enfin, reprends courage, et, gardant l'espérance du mieux, prends-en motif pour dissiper toutes tes inquiétudes. Ton profond savoir t'en donne les moyens : tu trouves également dans la philosophie des ressources dont tu pourras faire usage dans des circonstances plus critiques. Épargne-toi donc ces inquiétudes, épargne-les également à une amante qui ne pourrait vivre sans toi. Ah! si un destin contraire me privait de la meilleure partie de moi-même, pourquoi l'autre tarderait-elle à la suivre ? Crois-moi, un pareil jour serait le dernier pour tous deux. Oui, si tu me devances, je ne tarderai point à te suivre. Jamais la Chimère (2), les Furies, ni Gygès (3) aux cent mains, ne pourront me séparer de toi. Ainsi l'ont décidé les Parques (4) et la puissante Thémis, soit que j'aye reçu la vie sous le signe de la balance ou sous celui du terrible lion (5). Nos étoiles, qui nous guident également, nous promettent un sort commun. Ne m'afflige donc plus par de vaines plaintes, qui, loin de diminuer tes maux, ne font que les aggraver. Non, les dieux ne verraient pas plus que moi avec plaisir que tu descendrais le premier vers les rives du Styx (6). Prends donc courage, si tu veux guérir. Il s'agit ici de ton plus grand intérêt; ainsi, écarte l'idée de tout danger présent et à venir, et prends garde qu'une bourasque n'éloigne ta nacelle du port, lorsqu'elle est près d'y surgir. Conserve-toi pour moi et pour les jouissances qui nous attendent, et compte toujours sur l'inaltérabilité de mes sentiments. Ne te fais point le danger plus grand qu'il n'est, et cesse de t'affecter sur une maladie qui, quelque fâcheuse qu'elle te paraisse, n'aura aucune mauvaise suite. N'en doute point, il est un être suprême qui veille aux maux dont peuvent être affligés les amants; c'est à lui que tu dois adresser tes prières. Eh! la colère de Jupiter même ne s'appaise-t-elle pas par l'encens qu'on brûle sur ses autels? Ce ne sont pas les larmes qui pourront ici nous être utiles; portons plutôt aux dieux nos vœux et nos offrandes, avant que la maladie prène un caractère défavorable.

---

(1) L'auteur, dans l'original, a beaucoup imité Horace, dans l'ode qu'il adresse à Mécéne malade. On ne peut dire ici qu'il y ait plagiat; le mètre latin n'ayant nul rapport à celui qu'a choisi le poète de Vénus. L'expression de ce morceau, dans le modèle, est du plus vif sentiment; les beautés en sont si bien conservées dans la mesure élégiaque, qu'on ne saurait trouver mauvais que l'auteur se les soit appropriées. Notre version du *deme supercilio nubes*, paraîtra bien faible à ceux qui ont présents les noirs sourcils que donne Homère à Jupiter; sourcils dont le plus léger changement de forme, mettait en souffrance la nature entière ; mais ils doivent savoir que les attributs d'un dieu, ne sont pas ceux d'un chétif mortel.

(2) Monstre composé d'une tête de lion, d'un corps de chèvre, des pieds et d'une queue de dragon, vomissant, contre ceux qui voulaient l'attaquer, un tourbillon de flammes et de feu. Bellérophon, monté sur le cheval Pégase, le combattit et le tua. Voyez à ce sujet Hésiode, Lucrèce et Ovide.

(3) Hésiode dit que Gygès fut un géant, fils du ciel et de la terre, qui, avec Briarée son frère, fit dix ans la guerre au fils de Saturne. Ils furent vaincus tous deux et précipités dans le Tartare.

(4) Les Parques étaient filles de Jupiter et de Thémis. Elles assistaient aux couches, pour prendre leur droit sur l'enfant qui allait naître ; et dès ce moment, Clotho, la plus jeune, s'emparait de la quenouille où étaient entremêlés les évènements de la vie ; Lachésis débrouillait et tirait le fil ; et l'inexorable Atropos, au moindre signal du destin, le coupait. Si ses jours devaient

être heureux, ils étaient tissus de laine blanche ; ils l'étaient de laine noire dans les cas contraires. Les payens regardaient le destin comme ayant une volonté à laquelle tous les autres dieux devaient souscrire ; aussi regardaient-ils les Parques comme les exécutrices de ses arrêts.

(5) Les Grecs avaient une grande confiance à l'influence des astres ; leurs opinions à cet égard, avaient été puisées dans l'Inde par leurs philosophes ; répandues ensuite dans la Grèce, elles passèrent chez les Romains et dans le reste de l'Europe, sous le nom d'Astrologie judiciaire. Cette science a été long-temps en vogue en France, lorsque le gouvernement était entre les mains des Médicis. Aujourd'hui elle est confinée dans les prédictions de Mathieu Laensberg et dans le cerveau creux des imbécilles.

(6) Il y a dans l'original, *extingui*, expression qui a rapport à l'opinion des anciens philosophes, qui regardaient l'âme comme une flamme subtile qui s'éteignait au moment de la mort. Ceux qui l'ont crue de nature éthérée, la regardaient plutôt comme ayant rapport avec l'air ; de là, leur expression *exhalare animam*, *efflare spiritum*, pour caractériser la mort.

L'EXORCISME.

Digne fils d'Apollon, gloire et appui de ceux qui apportent leurs secours aux maux sous lesquels gémit l'humanité souffrante; toi qui fus toujours favorable aux pieux habitants d'Épidaure (1); à qui les Grecs suspendent journellement de nouvelles marques de reconnaissance; dont les autels, l'été, attirent les regards par l'agrément que leur donne la pervenche, et l'hiver par celui qu'ils empruntent du safran; pendant que, suivant un mode usité sur les rives du Nil (2), je mêle à mes chants les accords du psaltérion, écoute, dans ta clémence, les vœux que je t'adresse. Mon amant, dans les bras de qui j'ai tant de fois trouvé le bonheur, est actuellement sur un lit de douleur, en proie aux coups les plus cruels du sort. Oui, il est sur un lit de douleur, cet amant qui fait toutes les délices de ma vie, et dont, si tu n'y apportes obstacle, la mort entraînera la mienne. Dieu tutélaire, ah! c'en est assez des menaces qui lui sont faites ; c'en est assez, oui, c'en est assez, arrête la source de ses maux ; sois-lui propice, et ramène à la santé ce corps languissant qui n'est plus qu'une ombre. Si tu diffères, je serai bientôt, comme lui, portée sur le bûcher. Hélas ! pourquoi la fortune, si contraire, me réservant à un pareil malheur, voudrait-elle m'y faire survivre? O dieu bienfaisant! reçois ma prière dans toute la sérénité de ton sourire, et que cette maladie soit désormais sous tes auspices. Si jamais tu connus les traits du dieu de Paphos, aye pitié de moi, aye pitié de mon malheureux amant. Déjà sa maladie, en prenant un caractère plus grave, déploye sur moi toute sa violence, lorsque je me rappèle les circonstances fâcheuses où il s'est déjà trouvé. Accélère ton secours, et dissipe au loin le malheur qui pourrait lui arriver. Oui, je t'en conjure, exauce mes vœux; rappelle des sombres demeures celui que l'Amour conduisit vers moi, et ton nom sera exalté autant qu'il sera en mon pouvoir, pour avoir sauvé deux personnes en ne portant secours qu'à une. Éloigne tout retard : j'en atteste Vénus, si cet infortuné se rétablit de la maladie qui le mine, mon encens brûlera sur ton autel, la voûte de ton temple sera ornée d'une guirlande de fleurs les plus fraîches; et je te sacrifierai un coq sous un nom emprunté, pour qu'on ignore le motif de ma prière.

---

(1) Ville du Péloponèse où Esculape avait un temple que fréquentaient un grand nombre de malades. Ceux qui guérissaient, laissaient des tablettes qui contenaient l'histoire de leurs infirmités et les moyens de guérison auxquels ils avaient eu recours. Le bois qui l'entourait avait une enceinte de grosses bornes, au-dedans des-

quelles on ne laissait mourir personne. Pausanias qui s'étend sur l'origine de la ville, dit que des députés envoyés d'Argos vers Esculape, dans l'isle de Cos, ayant abordé sur la frontière des Boéates, avaient été avertis en songe, de s'y établir; que même un serpent qu'ils menaient avec eux, sortit du vaisseau, et alla se cacher dans une caverne, sur le bord de la mer; prodige qui non seulement les détermina à bâtir vers ce lieu, mais encore, à élever près de la caverne deux autels à Esculape, lesquels, de son temps, étaient couverts d'oliviers sauvages qui croissaient aux environs.

(2) A s'en rapporter à ce que nous a laissé Théocrite, dans son éloge de Ptolomée, il n'était sur la terre, aucune contrée plus heureuse que celle qu'arrosait le Nil à son embouchure. Ptolomée, qui comptait trois mille trois cents villes sous ses lois, régnait avec la bonté d'un père, sur les peuples qu'elles renfermaient. Des navires, dont il faisait respecter les pavillons, lui apportaient l'or de tous les pays. Commandant à une partie de la Phénicie, étendant son sceptre sur l'Arabie, la Syrie, la Lybie, et jusqu'à la noire Éthiopie, il comptait encore au nombre

de ses sujets les Pamphyliens, les Ciliciens, les Lyciens et les Cariens. Ses phalanges et sa cavalerie, prises d'un grand nombre de ces peuples, brillaient sous l'airain retentissant de leurs boucliers et de leurs armes. Mais tous les trésors dont abondait son palais n'y restaient pas sans usage, comme la trop grande quantité de grains que l'avide fourmi entasse dans ses magasins. Il en consacrait une partie à élever des temples superbes ; et ainsi, les Dieux, puis ses sujets, et ensuite les hommes vertueux, avaient part à ses largesses. Jamais il n'oubliait les chantres divins qui venaient animer ses banquets aux fêtes solemnelles, encore moins les sages interprètes des Muses que sa magnificence lui conciliait. Ces temps ne sont plus; les Ptolomées firent place aux Perses, aux Romains; vinrent ensuite les Arabes auxquels succédèrent les Osmanlis, puis les Mamelus et dernièrement les Français. Les monuments qui attestent la puissance des premiers maîtres restent encore. O temps rapide, que de réflexions tu offres au philosophe qui lit toutes ces époques dans tes longues annales !

LA CONVALESCENCE.

Graces aux dieux, enfin appaisés par nos prières! graces au fils de la belle Coronis (1), que l'on révère à Épidaure! Pancharis, je suis rendu à tes desirs, prêt à rentrer sous des chaînes qui n'auront d'autre terme que celui de mes jours. Quelles larmes de reconnaissance humectent mes yeux, en voyant ici la profusion de richesse avec laquelle la nature nous sourit de toute part! Salut, heureux Génie de ces lieux, qui ne peux être contraire à celui qui te porte actuellement hommage. Et vous, Faunes qui, au loin, nous offrez tout le luxe de vos paisibles demeures, daignez me recevoir sous vos auspices. Que ce séjour a pour moi de charmes! J'y repose près de ma maîtresse, et ainsi éloigné de tout importun, je serai tout à elle. Quels lambris pourraient surpasser en beauté ce berceau fleuri où le maugris, en y entremêlant çà et là ses flexibles rameaux, lui donne un nouveau charme? Cet érable, par son épais feuillage, nous garantit de la trop grande chaleur, en ce moment où nous sommes si mollement assis sur cette touffe de gazon. Qu'ils me plaisent ces bosquets à qui la rose d'Acidalie donne un si bel éclat, et cette prairie émaillée de jeunes fleurs! Ce chèvrefeuille, qui se contourne en revenant tant de fois sur lui-même, semble ne fleurir que pour donner un nouveau lustre à ces platanes dont il embrasse amoureusement le tronc. Ruisseau plaintif, dans quelle douce rêverie tu me mets, en agitant dans ton corps tortueux ces cailloux verdâtres qui te donnent la parole ! Ces frais vallons aussi bien que la chevelure de cette forêt qui en orne le côteau, semblent me sourire plus agréablement. Oui, tout ranime en moi le sentiment; tout donne une force nouvelle à mon être. Ce peuplier élancé, dont les caresses d'un

amoureux Zéphyr excitent le langage (2);
ce saule gémissant, dont les branches mobiles, en se balançant, effleurent la surface de l'eau, et ce vent léger qui m'apporte tes paroles parfumées des douces émanations de la rose; par-tout ce sont de nouveaux objets sur lesquels ma vue aime à se reposer. Vois ce papillon léger, voltigeant çà et là, porté sur ses ailes chamarrées; comme il suit avec empressement sa compagne! Le voilà qu'il s'arrête avec elle sur chaque fleur, pour y pomper le nectar destiné à les nourrir tous deux. Plus loin, sur cet orme dont la cime se perd dans les airs, considère cette tourterelle qui multiplie ses caresses à son tourtereau; celui-ci les lui double à son tour, et tous deux se rengorgeant de plaisir, ils roucoulent alternativement leurs feux. Là, sur cette colline verdoyante, joue le lascif chevreuil, en commençant un combat que lui inspire son ardeur. Le berger, de son côté, en alternant de son chalumeau, commence un air où il

chante la douceur de ses chaînes. Les fleurs mêmes actuellement répondent à leurs amours ; les sexes se recherchent et s'unissent, soit qu'un même pied les soutiène ou qu'ils habitent à part sur des troncs différents ; l'Hymen les entraîne également sous son paisible joug. La demoiselle, toute brillante de l'azur de son vêtement, parcourt d'une aîle légère la surface de l'eau, pendant que le rossignol revient sur ses chants d'allégresse. Les jeux lascifs en pleine vigueur se répètent de toutes parts, et disposent ceux que l'Amour favorise, à tenter ce qui peut les conduire au bonheur. La riante Volupté sourit à toute la nature, et la folâtre Vénus invite chacun dans les champs à jouir de ses faveurs. Eh quoi ! lorsque tout annonce qu'il faut nous soumettre aux lois de l'univers, resterions-nous sourds à la voix qui nous somme de leur obéir? Ah ! aime demain, ou plutôt n'aime jamais, celui qui n'aurait qu'un feu languissant ! et que celui qui a récemment aimé n'en aime que plus ardemment. Tout ici me rappèle à la déesse qui a reçu mon hommage, et me dispose, quelqu'indifférent que je pourrais être, à des transports que l'Amour excite en y applaudissant. Dociles à une voix aussi impérieuse, suivons donc le doux penchant que la nature approuve; ne laissons point engourdir nos ames dans un odieux repos, et revenons à ces jouissances qui animeront davantage nos loisirs. Qu'il ne soit point perdu pour nous ce moment où, éloignés de tout importun, nous pouvons répondre paisiblement au vif sentiment qui nous réunit. Rends - les moi donc ces brûlants baisers que je te donne sous les auspices de la déesse qui mérita nos hommages. Reçois et rends-les-moi en nombre égal aux épis qui jaunissent dans les guérets de l'Ausonie (3). Ah ! quelle délicieuse ivresse quand, unis, comme nous le sommes maintenant, un même souffle nous anime ! Mon ame, qui peut à peine suffire à tant de jouissances, fuit, reparaît, et passant de mes lèvres sur les tiennes que fait gémir la volupté, elle vient s'y reposer jusqu'au terme de nos plaisirs. Gazon ! lit heureux de nos amours ; toi qui soutins le poids de ma belle, et dont la mollesse fut si favorable à nos jeux, puisses-tu, pour récompense de tes bienfaits, posséder toujours le charme de ta fraîcheur ! Que ton herbe continue à jouir des faveurs du printemps, pour qu'elle puisse encore nous être de quelqu'avantage ! Cède lentement sous le corps de ma bien aimée ; mais relève-toi aussitôt avec un nouveau lustre, crainte que quelque traces restées sur toi, n'indiquent par leurs formes le bonheur dont nous aurions pu jouir (4).

---

(1) Nymphe de la Thessalie, fille de Leucippe le lacédémonien, d'autres disent de Phlégias, qui eut d'Apollon un fils nommé Esculape. Com-

me elle accordait ses faveurs à Ischias, elle fut percée, elle et son amant, par Diane. Le dieu ayant pitié du sort de l'enfant, en débarrassa la mourante, pour le confier au centaure Chiron. Fâchée d'avoir été si cruelle à son égard, la désse se repentit et changea, de blanc en noir, le corbeau qui avait été le dénonciateur du crime.

(2) Le peuplier dont il s'agit, est celui de nos forêts. Cet arbre fut consacré à Hercule : lorsque ce héros, est-il dit dans la fable, descendit aux enfers, il en cueillit une branche flexible, et la contourna pour s'en faire une couronne ; le côté de la feuille qui toucha sa tête, conserva sa blancheur, pendant que la partie de la feuille qui était en dehors, fut noircie par la fumée du triste manoir. De là vient que le peuplier qui avait autrefois ses feuilles blanches des deux côtés, les a maintenant noires en dessus. On dit que ce fut notre héros qui, ayant rencontré cet arbre dans ses voyages, le porta en Grèce, où il profita merveilleusement ; aussi est-ce la raison pourquoi il lui fut consacré. Ainsi, dans Virgile, Evandre, roi de Pallante, voulant offrir un sacrifice à Hercule, ce prêtre ceint sa tête d'une branche de peuplier.

(3) Nom qu'on donnait anciennement à la partie méridionale de l'Italie, à raison d'Auson qui y régna autrefois.

(4) Parny dit bien élégamment.

> Trône de fleurs, lit de verdure,
> Gazon planté par les Amours,
> Recevez l'onde fraîche et pure
> Que ma main vous doit tous les jours.
>
> Sous les appas de ma Maitresse
> Ployez toujours avec souplesse,
> Mais sur-le-champ relevez vous;
> De notre amoureux badinage
> Ne gardez point le témoignage;
> Vous me feriez trop de jaloux.

LES VIGILES.

Que le cœur qui n'a point aimé
S'enflamme demain et soupire;
Que le cœur qui s'est enflammé,
Suive encor l'amoureux empire (1).

Salut, Printemps que les pluies ramènent plus riant à l'univers : toi dont la jeune tête brille d'une verte chevelure, ô honneur fécond de la nature, paraîs demain avec toute ta gaîté, et que les Amours, en ce séjour, voltigent çà et là, accompagnés des Jeux et de l'aimable Folie qui leur fera suite ! Que dès l'Aurore, les tendres oiseaux se marient dans les vergers, en faisant retentir les bosquets de leurs chants variés. Que Vénus, avec des myrtes dont elle aura disposé les rameaux, se fasse au milieu des bois une retraite d'où elle dictera ses lois. Ce fut au Printemps que les ondes sillonnées de la mer portèrent cette déesse, née d'un sang le plus pur (2), vers les paisibles rives de Chypre. A peine se fut-elle assise sur le sable du rivage, tout humide de l'élément qu'elle quittait, que les habitants des airs volant vers elle, la saluent par leurs chants. Aussitôt elle presse sur les germes cachés, son sein rempli des sucs générateurs qu'animait Zéphyr; et, à leur sortie, leur donnant une plus grande activivé, elle contribue ainsi à embellir la nature. Secouant ensuite çà et là, sur les buissons, une branche de myrte encore brillante des pleurs de l'Aurore, elle leur ordonne de porter des roses qui, aussitôt épanouies par les champs, se rangèrent sous les lois de l'Hymen.

> Que le cœur qui n'a point aimé
> S'enflamme demain et soupire;
> Que le cœur qui s'est enflammé,
> Suive encor l'amoureux empire.

Les plaines, les vallées et les bois,

éprouvant dès-lors le pouvoir de la déesse, lui sourient dans l'attente de la lignée qui leur était promise sous de si heureux présages. Les Heures, au pas rapide (3), accourent aussitôt pour la servir; et l'ayant vêtue d'une tunique du lin le plus fin, elles démêlent sa blonde chevelure, et la tressent en lui mêlant les roses et les myrtes récemment fleuris, puis elles y attachent un voile d'azur (4), pour en mieux relever les charmes. Pendant qu'elles s'occupent d'un soin si agréable, les Graces folâtrent près d'elle et l'égayent par la variété de leurs chansons. Les habitants de l'isle sortirent alors de leur retraite, et admirant le pouvoir de la déesse, ils fléchirent le genou devant elle, et lui rendirent hommage : « Divinité inconnue, s'écrient-ils dans leur étonnement, ô toi qui causes l'ivresse que nous éprouvons ! si les plaisirs qu'on goûte en ce séjour, ont pour toi quelqu'agrément, partage-les avec nous. Oui, fixe-toi dans ces contrées;

quelques chétives que soient nos demeures, des temples t'attendent ; et brûlant l'encens qui t'est dû, nous y célébrerons ta souveraine puissance. » Mais la déesse visant à de plus hautes destinées, leur repond par un signe de refus ; puis, montant un char attelé de deux colombes, que les Heures lui avaient amené, précédée par elles, cette souveraine dirige sa route vers le brillant Olympe, à travers un nuage d'or et d'azur. C'est demain qu'elle doit en descendre, pour contribuer à la pompe qui convient à une fête si joyeuse.

Que le cœur qui n'a point aimé
S'enflamme demain et soupire ;
Que le cœur qui s'est enflammé,
Suive encor l'amoureux empire.

Vénus ordonne aux Nymphes de pénétrer la profondeur des forêts ; l'Amour les suivra, portant avec lui les traits dont il fera usage. O Nymphes ! ne redoutez plus les menaces de cet enfant, il vient de jeter derrière lui ses armes. Sa mère lui a recommandé de marcher sans elles, de peur qu'une crainte déplacée ne fasse fuir les plus sauvages. Mais, l'Amour, dans sa nudité, peut encore faire impression sur les cœurs insensibles. Prenez garde, belles Nymphes, l'Amour nu ne vous en blessera pas moins. Un nouvel éclat se répand sur tous les champs aux approches de cette folâtre jeunesse qui cherche partout les fleurs les plus belles pour en parer sa chevelure. Cynthie (5), Vénus a renvoyé tes compagnes ; cependant, n'en sois pas moins favorable à ma prière. Que demain le sang ne coule point dans la forêt, et que chaque bête fauve repose tranquillement dans sa retraite, pendant que nous serons occupés à tous nos plaisirs (6).

> Que le cœur qui n'a point aimé
> S'enflamme demain et soupire ;
> Que le cœur qui s'est enflammé,
> Suive encor l'amoureux empire.

Cynthie, Vénus a renvoyé tes compagnes, de crainte qu'elles ne rougissent en voyant tous les jeux auxquels on se livrera sous les auspices de l'Amour. Comme la folle jeunesse, la tête ornée de différentes fleurs, ira de nuit dans les réduits les plus obscurs, non, tu ne la verrais pas avec plaisir errer en désordre à travers les bois, les campagnes et les hameaux. La déesse de Chypre a ordonné de joncher de fleurs nouvelles les riants bocages, attendu qu'elle doit demain y dicter des lois. Jeunes gens, dispersez-en donc autant qu'il s'en épanouit dans les parterres d'Éphèse (7), autant qu'il en croît dans l'Ionie ; la solemnité du jour le demande. O toi qui fus autrefois teinte du sang éclatant du bel Adonis, et qui te complais avec raison sous cette agréable couleur ! toi dont l'odeur est si suave au lever de l'Aurore, qui es encore échauffée des baisers de Cypris, ô Rose ! réponds aux caresses de Zéphyr en déployant amoureusement ton feuillage (8), et que l'air parfumé de ta délicieuse odeur, contribue aussi à nos jouissances.

> Que le cœur qui n'a point aimé
> S'enflamme demain et soupire;
> Que le cœur qui s'est enflammé,
> Suive encor l'amoureux empire.

Bacchus, Cérès, et toi Phébus qui m'inspiras le goût des vers, soyez attentifs aux chants que nous pourrons réciter. Les Nymphes des campagnes, celles des bois et des fontaines, assisteront à nos jeux. La mère de l'Amour leur a fait part du plaisir qu'elle aurait en les voyant y mêler leur ivresse; mais elle rappèle aux vierges la défiance que doit inspirer l'Amour. Hélas ! tout nu qu'il est, ses blessures n'en sont pas moins cruelles aux cœurs ingénus. On y verra les Graces au col d'albâtre, elles qui, les premières, prirent soin de cet enfant. On formera avec des branches de coudrier, un ombrage convenable, pour qu'en dansant on soit à l'ombre. Tout rit dans les campagnes, et tout promet à Palès une fertilité dont elle attend sa splendeur. L'air, chargé des germes qui attendent une vie nouvelle, donne aux bourgeons l'influence la plus propre à embellir le feuillage qui les remplace. L'eau, en s'insinuant dans la terre endurcie, lui porte des principes de nourriture en même-temps que l'humidité nécessaire à la germination ; et pendant que ces merveilles s'opèrent, Vénus appèle tous les êtres à l'exécution de ses lois.

> Que le cœur qui n'a point aimé
> S'enflamme demain et soupire ;
> Que le cœur qui s'est enflammé,
> Suive encor l'amoureux empire.

La déesse de Chypre, en répandant sur nous ses bienfaits, nous gouverne à son gré ; elle anime par des forces secrettes, les ressorts intérieurs dont l'action établit la vie. Elle appèle et retient sous son empire les êtres qui doivent éclore au fond des mers, dans les entrailles de la terre et dans les plaines de l'air. Ainsi, l'Univers plus fécond, s'imbibe des principes reproductifs, à mesure que se développent les moyens de naissance naguères cachés. Vénus ordonne aux campagnes de se ranger sous son pouvoir ; c'est la Volupté qui les féconde, et c'est au milieu d'elle que naquit l'Amour. Les Graces aux yeux d'azur, le placèrent dans leur sein pour l'y réchauffer ; bientôt elles le couchèrent sur un lit de roses ; elles lui parfumèrent les lèvres avec le nectar et l'ambrosie, et lui donnèrent ensuite le miel récemment exprimé des ruches de l'Attique. Mais les campagnes ne tardèrent pas à éprouver le pouvoir de ses flèches; et, dès-lors, la jeune fille eut à rougir des ruses de ce malicieux enfant. C'est lui qui demain mènera gaîment la troupe sur la prairie, et qui même rangera sous son empire les suivantes de sa mère.

Que le cœur qui n'a point aimé
S'enflamme demain et soupire;
Que le cœur qui s'est enflammé,
Suive encor l'amoureux empire.

La reine de Paphos a commandé à tous les troupeaux de s'unir entre eux; elle veut que demain les oiseaux donnent plus de mélodie à leurs concerts. Déjà les cygnes, par leurs chants, expriment toute la joie qu'ils éprouvent, tandis que Philomèle voltige de branche en branche sur l'épais cornouiller. Elle raconte aux cultivateurs les cruelles destinées du malheureux Térée (9). Vous êtes émues au son de ses plaintifs accents, Nymphes sensibles qui l'écoutez; mais vous vous laissez aller à l'erreur. Elle chante les armes et le flambeau de l'aimable dieu d'amour. Je ne me tairai point non plus en ce moment, où j'éprouve les vives émotions qu'il m'inspire; autrement, il manquerait une faveur à ma Muse, qui nourrit en mon ame des feux destinés à faire mon bonheur. Ah! ma verve est

restée trop long-temps dans le repos ;
Apollon me blame de ma paresse. Sa
lyre d'or à la main, il m'a récemment
mené dans les détours peu fréquentés
du Parnasse, et m'ayant conduit vers
la fontaine qui lui est consacrée, il m'a
humecté de ses eaux. Dieu de Paphos,
accours vers moi, et ne permets pas, consumé d'amour comme je le suis, que
j'aye pris la lyre harmonieuse qu'il m'a
prêtée, pour chanter des choses indignes
de celle qui me tient enchaîné.

<blockquote>
Que le cœur qui n'a point aimé
S'enflamme demain et soupire;
Que le cœur qui s'est enflammé,
Suive encor l'amoureux empire.
</blockquote>

---

(1) Ces quatre vers de Danchet, dans Aré-
thuse, sont la traduction du refrain de la pièce
qu'on attribue à Catulle, et dont l'auteur a pro-
fité. Cette pièce se récitait la nuit qui précédait
les fêtes nommées *Veneralia*, célébrées en l'hon-

neur de Vénus, aux kalendes d'avril, dans une petite isle située entre la porte de Rome et Ostie. Cette isle offrait en toute saison, les agréments du printemps; le verd tendre des prairies y était diversifié par mille fleurs différentes. Les roses, qui s'épanouissaient dans les bosquets, unissaient tellement leurs odeurs à celles qu'exhalaient les myrtes et les citronniers fleuris, qu'on appelait l'isle, le Liban de Vénus.

(2) Macrobe dit que Saturne ayant coupé à Uranus, son père, les organes de sa virilité, pour l'empêcher d'avoir d'autres enfants, il les jeta dans l'Égée; que ceux-ci étant tombés dans une grande coquille, l'humeur qu'ils laissèrent échapper, unie avec l'écume de la mer, donnèrent naissance à Vénus avec toutes ses perfections. On a sur ce sujet le passage de M. A. Muret, qui mérite d'être connu :

Si Venus, ut mendax docuerunt turba poetæ,
De mediis vere nata putatur aquis ;
Qui fieri potis est mediis ut fluctibus orta
Assiduo nostrum torreat igne jecur ?
O dolor! o quid jam miseri speretis amantes ?
E media vobis nascitur ignis aqua.

Les Mythologues ont ajouté que ce fut à l'aide

de cette coquille et des Zéphyrs qui accoururent à elle, qu'elle cingla vers l'isle de Chypre, où elle arriva au mois d'avril. « Aussi mollement balancée, dit Anacréon, que l'algue blanchissante qui flotte sur une mer calme ; aussi brillante au milieu de la plaine liquide, qu'un lis parmi des violettes, la déesse approche du rivage, pousse devant elle une onde bouillonnante, ouvrant les flots qu'elle presse de son sein de rose et de son col d'albâtre. Sur les écailles de ses dauphins sont portés les Desirs et l'Amour, ces dieux malins qui se rient des faiblesses des mortels. Près d'eux les habitants des mers, jouant autour de la déesse, égayent son triomphe sur les eaux. » On trouve dans la planche 101 du premier tome de l'Antiquité, expliquée par Dom Montfaucon, différentes figures qui représentent ce voyage d'après plusieurs pierres antiques. Ce sujet a mérité l'attention d'Apelles, dans son tableau de la Vénus Anadiomène. Il a peint cette déesse sur le modèle, dit-on, de la courtisane Phryné qui, tous les ans, représentait aux yeux des Athéniens assemblés, cette naissance de Vénus.

(3) Les anciens, qui divinisèrent tout, hono-

rent les Heures du nom de Déesse. Hésiode et Orphée les regardaient comme filles de Jupiter et de Thémis. Leur nom leur vient de celui du Soleil, que les Égyptiens appelaient Horus, suivant ce qu'en dit Macrobe dans ses Saturnales. Orphée dit qu'elles sont toujours fraîches, tournoyant sans cesse, d'un gai et joyeux visage. Il les dit vêtues d'une tunique humectée de rosée, couvertes de fleurs délectables, dansant en rond pour complaire à Jupiter et à leur mère, ayant des ailes de papillon à leurs épaules et une couronne de fleurs sur leur tête. Homère, dans son Iliade, nous les représente comme les gardiennes des portes du ciel, qu'elles ouvrent et ferment comme celles d'un palais.

(4) Les poètes, comme les peintres, se sont tous accordés pour donner cette couleur au voile de Vénus. Ils l'ont empruntée de celle de la mer, dont cette déesse est sortie. Quant aux roses et aux myrtes qui ornent sa chevelure, cette idée est de toute antiquité chez les Grecs. La coutume s'en est étendue chez les Latins. Horace, dans son Ode à Sextius, en parlant du printemps, dit :

Nunc decet aut viridi nitidum caput

Impedire myrto,
Aut flore terræ quem ferunt solutæ.

(5) Nom qu'on donne à Diane, pour être née sur le mont Cynthus, dans l'isle de Délos.

(6) Cette strophe, imitée de Catulle, a été traduite par Langeac, de la manière qui suit :

Sous des bosquets où l'ombre au plaisir les prépare,
Des Nymphes au printemps voyez le jeune essaim ;
C'est Vénus qui les guide ou plutôt les égare.
Un besoin inconnu fait palpiter leur sein.
Sous les traits d'un enfant l'Amour est à leur suite.
Qui croira que l'enfant ne cherche que leurs jeux ?
Amour, plus de carquois ; tu vas causer leur fuite.
Près d'elles un bandeau doit-il couvrir tes yeux ?
Et ton arc dans tes mains n'est-il qu'une défense ?
 Laisse tes traits, tes ailes, ton flambeau ;
Sois pour les rassurer nu comme l'innocence.
Mais qu'il faut craindre encor ! Dieux ! l'Amour est si beau !
Cache au moins le danger, Vénus te le commande.
Un cœur est mieux séduit s'il n'est point allarmé.
Ah Nymphes ! l'enchanteur du vôtre aura l'offrande :
Tremblez ; quand il est nu, l'Amour est plus armé.

(7) Ville autrefois bien florissante, près de laquelle s'elevait le fameux temple de Diane. Dans ses environs croissaient les plus belles roses de l'Ionie.

18.

(8) L'original dit :

Pande decus zephyroque favens nunc molle dehisce.

Et Hafèz, selon la version du poète anglais, exprime la même idée comme il suit :

Soft comes the morning wind; the wanton rose
Burst from ist cup to kiss the gale that blows;
Its silken garment wounds in tender play;
And leaves it body naked to the day.

(9) Roi de Thrace, qui ayant forcé sa belle-sœur Philomèle, lui coupa la langue; ce qui irrita tellement sa femme Progné, qu'elle lui donna son propre fils Itys à manger.

LA FÊTE.

Porté sur son char brillant, il s'avance propice à mes souhaits, ce Jour desiré, où des actions de graces seront rendues aux dieux qui me furent si favorables. Pancharis, née sous une heureuse étoile, voit pour la dix-huitième fois, au sortir de l'hiver, Flore embellir nos parterres, et toujours sous les plus favorables auspices. Salut, Jour mémorable (1), si attendu de ma Muse, et si digne d'être célébré par ceux qui ont un cœur sensible. Déjà les Heures légères devancent plus gaîment ton char; et l'Aurore, en t'ouvrant les portes de l'Orient, semble te recevoir avec plus d'allégresse. La terre brille pour toi, parée d'ornements plus splendides, et déjà chaque oiseau dans les bosquets, te félicite sur ton retour. Jour fortuné;

combien d'agréments tu nous promets !
Que d'agréables folies vont occuper nos
loisirs ! Que le laboureur n'attèle aucun
bœuf à sa charrue, et qu'il interrompe
aux champs tout travail commencé. Que
les vagues frappent plus mollement le
rivage, et que les airs ne soient point
troublés par les cris répétés des plaintifs
Alcyons (2). Hâtez-vous, Jeux, Ris, et
vous Graces charmantes qui êtes leurs
fidèles compagnes, Terpsichore et Eu-
terpe vous appèlent. Muses, Dryades,
et vous chastes Napées, quittez vos humides retraites ; ma belle, en ce jour,
attend vos hommages ; il est celui de sa
naissance ; accourez toutes lui apporter
les dons de Flore qui viènent d'éclore
pour elle. Que le myrte, si agréable à
Vénus, ne manque point dans vos osiers ;
qu'on y trouve la narcisse, le thym, et
la rose mêlés au parfum du safran. Unissez en bouquet, le bluet à la marguerite ; et qu'elles fassent aussi l'ornement
de la fête, ces fleurs qui exhalent dans

nos parterres les plus douces odeurs !
Apportez-nous les plus belles, pour en
former par leur mélange cette brillante
couronne qui doit donner un nouvel éclat
à sa blonde chevelure (3). Faisons de
ce lierre, dont le fruit commence à rougir, les festons qui vont orner le portique de sa demeure. Cueillez les fleurs
qui ont l'odeur la plus suave, pour composer la guirlande qui croisera ses épaules, et le bouquet qui parfumera son
sein. Allons, unissez-les ; que le thym se
trouve à côté de l'amome, celui-ci n'en
aura qu'une meilleure odeur. Déjà le ministre des autels entonne l'hymne pieuse
qui commence les prières, et la voûte
du temple résonne des doux accents de
la flûte éolienne. Devancez le cortége,
vous, chœurs, à qui des guirlandes de
fleurs et des chaussures chamarrées donnent un si bel éclat (4). Que votre démarche incertaine (5) se modèle langoureusement sur la douceur des sons du
sistre. Venez, enfants revêtus de lin fin,

symbole de votre candeur (6); venez avec vos corbeilles remplies des dons encore humides de Flore. Paraissez, jeunes filles qui portez à Cérès les prémices de nos moissons, et vous qui avez sur vos plateaux les gâteaux du plus pur froment (7). Viens à leur suite, ô Pancharis ! viens, couverte de ce manteau qui te donnera tant de grace en le laissant traîner à terre, et que les Amours te soutiènent au milieu des Jeux qui vont te sourire. Que tes cheveux ondulés sur ton front, y exhalent le cinnamome dont ils seront imbus, et que l'or et l'argent brillent en paillettes sur la fine gaze qui voilera tes appas. Jeunes filles, approchez avec vos corbeilles, et jetez-lui des roses à mesure qu'elle avancera. Que la jeunesse toute joyeuse, jonche la terre de l'herbe molle que fournissent les marais, et que les joueurs de flûte et autres musiciens lui modulent les airs les plus tendres. Mais, comme chacun doit contribuer à lui être agréable, esclaves qui serez proche, portez-lui, avec vos parasols, un ombrage qui ne lui soit point défavorable. Ma belle mérite bien de vous cette marque d'intérêt, et votre peine aura sa récompense dans quelques-uns de ses plus doux sourires. Ma flûte ne manquera point à la joie commune ; cette flûte, présent que je dois à l'amitié qui me liait à Daulis l'athénien, et dont le son mélodieux me sert si bien quand, sous les auspices de l'Amour, j'enseigne à cette belle la manière de régler sa voix selon le mode phrygien. Dieux, qui du haut de l'olympe, étendez votre pouvoir sur tout, Pancharis se présente à vos autels en suppliante. Exaucez ses prières ; détournez d'elle tout malheur, et quels que soient les hasards où elle se trouve, qu'elle fournisse sa carrière sous les plus heureux auspices. Telle que l'amaranthe (8) qui, dans un bosquet ombragé, croît hors des atteintes du cruel Borée, et fleurit paisiblement sous l'haleine de Zéphyr, ainsi puisse-t-elle parcourir le temps le plus agréable de sa vie, et toujours mériter la louange que lui attirent sa beauté et son génie. Qu'elle croisse pour le lit nuptial, elle pour qui tant de myrtes s'épanouissent sous les regards de la Volupté, qui lui promet une moisson de plaisirs! Et toi, belle Vénus, jète un œil favorable sur celle qui te promet tout le dévouement qui t'est dû. Divinités, sous les auspices de qui les feux sont toujours heureux ; adorable Cypris, Enfant qui mérite tous nos hommages, faites que les flammes dont elle brûlera, ne manque point d'aliment; que cette belle enfin fasse toujours goûter à son amant tout le bonheur qui est en son pouvoir! Applaudissez, ô vous qui m'écoutez! et les tempes ceintes de myrte, unissez vos cantiques à mes vœux. Ça donc; jeunes gens, réitérez vos prières, et lui ayant souhaité le plus heureux avenir, revenez sur vos pas. Un festin somptueux vous attend, sous ces platanes dont le tronc est entouré de roses déjà presque épanouies. Les mets les plus délicieux répandent leurs fumées; allez prendre place à ces tables qui vous sont dressées, et que les menaces, les disputes fuyent au loin. Dieu de la gaîté, viens à nous avec ces jeux et ces ris, indices du contentement qu'éprouve un cœur satisfait! En ce jour de plaisir, il faut que le vin pétille dans toutes les coupes, et que la santé soit portée à celle dont nous célébrons la naissance (9). Que ce jour soit à jamais mémorable par le vin qui sera versé; qu'on ne rougisse pas de revenir chez soi en chancelant pour en avoir un peu trop pris (10). Divin Bacchus, viens à nous, la tête entourée d'une tige de lierre, et dissipe tous nos chagrins par ton aimable gaîté. Loin de nous la discorde et son horrible venin: remplace-la par les agréments qui dérivent de l'amitié la plus franche. Heureux ceux à qui l'Amour sourit, qui ne connaissent aucune de ses peines, et dont ce dieu exauce toujours les vœux! Viens vers nous, Enfant débonnaire, viens égayer ce festin ; mais laisse de côté tes flèches, dont les cruelles blessures pourraient nous être une cause de peine. Oh! esclaves, que les cassolettes exhalent leurs plus suaves odeurs ; et que l'encens de la Syrie y mêle ses plus doux parfums (11). Il est temps d'apporter des couronnes de roses ; car sachez qu'elles ne peuvent déplaire au dieu de la treille (12). La belle Vénus m'a établi pour présider aux honneurs du dessert ; que tous ceux qui ne veulent point perdre la raison, soient exacts à suivre mes ordres. Çà donc, que chacun chante sa scholie d'une voix haute ; car la scholie ici ne sera pas sans utilité (13). Je hais le trop grand bruit dans les repas ; ainsi que tout perturbateur s'éloigne, pendant qu'on chantera celle qui aujourd'hui cause notre ivresse. Semez la marjolaine sur les tables, et que la flûte commence ses douces modulations (14), attendu qu'Hyron va commencer ses chants ; Hyron qui sait si bien parcourir l'échelle chromatique, par les inflexions de sa voix sonore, en mêmetemps qu'il l'anime par les sons de sa lyre éolienne (15).

« Pancharis ! quelle compagne pourra l'emporter sur toi, ornée comme tu l'es, des qualités qui contribuent tant à la gloire ? Tu les surpasses autant par la délicatesse de ta taille que par la régularité de tes traits ; aussi, est-ce à bon droit que chacun te regarde comme d'une origine céleste : si recommandable par ta beauté, les Graces ne pourraient se re-refuser à t'accorder la riche ceinture de Vénus. Objet charmant des plus vifs desirs pour ceux que tes regards séduisent, et de la jalousie de tes compagnes, qui ne voient pas avec indifférence tes perfections ; c'est pour toi que nous cueillerons dans les champs les fleurs les plus récemment écloses, pour les attacher à ton portique, comme un monument qui atteste l'hommage que nous te portons ;

car, ainsi l'ordonne l'amour que chacun te voue. Nous graverons aussi sur l'airain, les évènements de ce jour, pour qu'on sache comment on devra se comporter à pareille époque, une autre année ».

Semez des noix sur les tables (16) et que la flûte fasse entendre ses sons, pendant que Léodore improvisera l'air qu'elle croira le plus agréable ; Léodore, cette compagne inséparable de Pancharis, qui mérite son zèle et l'amitié qu'elle lui accorde.

« Jouez, jeunes gens et jeunes filles qui êtes dans la fleur de l'âge ; jouez, et que ce jour vous offre à tous les plaisirs qui vous seront les plus agréables. Les champs qui nous étalent leur richesse ; le ruisseau qui a son langage pour exprimer ses peines ; ce bosquet de myrtes, dont les gémissements se renouvèlent sous l'haleine du léger Zéphyr, tous semblent nourrir en eux une cause secrète de quelque douce affection. Or donc, pendant que la lyre résonne sous les doigts savants qui la touchent, mêlons nos accents à ceux qu'ils font entendre, et qu'ainsi tous nos moments soient remplis par le plaisir. Que le chœur, partageant le sentiment qui m'anime en cette agréable circonstance, reprène d'une voix haute avec moi, et continue par ce refrain : Amour, que chaque jour de notre vie se passe en jouissant du bonheur que tu nous procures.

Le ruisseau qui, en fuyant, mêle ses accents avec ceux du cailloutage qu'il entraîne; le doux frémissement des feuilles sur leurs branches, lorsque Zéphyr, d'un aîle légère, parcourt la forêt; le pinson, dont les sons d'allégresse se font entendre du haut de ce platane où il est caché; la tourterelle qui raconte ses amours sur ce vieux chêne où elle s'est perchée; le poulain courageux qui bondit dans la prairie, en rendant le feu de ses narines toutes les fois qu'il hennit; la rauque cigale, par son cris entrecoupé; tous disent çà et là, dans leur langage qu'ils alternent : O Amour! que chaque jour de notre vie se passe en jouissant du bonheur que tu nous procures.

Le Temps qui a des aîles, dévore tout, et en fuyant il emporte avec lui tous les charmes et les plaisirs de la jeunesse. Hélas! une fois les agréments de celle-ci passés, ils ne nous reviendront plus comme ils reviènent chaque printemps aux bosquets qui maintenant nous sourient dans tout leur luxe. Telle est la loi du destin que nous devons tous subir, vu la brièveté de notre existence, dont cependant nous n'aurons point encore à nous plaindre, si le dieu de la gaîté nous favorise. Abandonnons-nous donc à lui, et continuons à dire : O Amour! que chaque jour de notre vie se passe en jouissant du bonheur que tu nous procures (17).

Semez des noix sur les tables, et que la flûte reprène sur un ton différent, pour préluder à d'autres chants qu'il est temps de commencer. Je prendrai mon tour, modulant mes vers aux doux frémissements de la cithare, pour qu'on les entende avec plus de plaisir. Amis, portez-leur attention, et applaudissez à la mesure que je crois la plus propre à m'attirer la bienveillance du dieu que je vais chanter. Applaudissez, pendant qu'un pouvoir supérieur me soutient dans mon élan, et que ceux qui seraient animés comme moi, se ressouviennent de mes chants.

« O digne fils de Sémelé, vainqueur des contrées de l'Inde (18), dont le front serein reçoit un nouvel éclat du lierre qu'il porte, qui te plais à brandir un thyrse autour duquel serpente un pampre verdoyant, toi qui sus si bien dompter les tigres furieux de l'Arménie, sois-nous actuellement favorable. Que l'ormeau succombe sous le poids du cep chargé de son fruit, et que la tonne pétille du jus le plus mousseux. C'est à toi que nous devons la douce liqueur que nous fournit la vigne, liqueur qui nous fait passer agréablement chaque saison de la vie. Déjà les Satyres admiraient de toutes parts le feuillage qui en ornait les ceps, et les fruits qui mûrissaient sur eux. Cueillez, leur dis-tu, les grappes les meilleures ; chacune, foulée comme il convient, vous fournira une liqueur délicieuse ; je jure par mon père que vous ne serez point trompés dans votre attente. Chacun se met à l'ouvrage, et apporte dans son panier le produit de son travail. La cuve se remplit, et les pieds pressent joyeusement le fruit. Les Faunes ont déjà, çà et là, leurs corps rouges du jus qui pétille, pendant qu'ils le reçoivent dans leurs outres et leurs cornes (19). Ils admirent la liqueur qui fermente, et, la buvant tour à tour, ils en reçoivent bientôt une force nouvelle, qui s'exhale en de joyeux chants. Quelles furent les supercheries qu'on vous fit ensuite ? gardez-vous de le dire, Nymphes qui fûtes présentes ; car il vous faudrait rougir de vos aveux. En vain les plus chastes, d'un pied léger, devancent à la course ceux à qui l'Amour donne des aîles, elles sont bientôt attrapées, et forcées de subir la loi de leur vainqueur. Silène, cette liqueur nouvelle eut aussi pour toi quelque attrait, et bientôt les enfants se rirent du vieillard qu'ils respectaient auparavant, lorsqu'ils le virent, dans son ivresse, soutenir son corps chancelant sur une molle férule (20). O toi que porta dans son sein la belle fille de Cadmus; qui fus le premier cultivateur de la vigne, et à qui désormais les grappes récentes seront la plus belle offrande qu'on puisse faire; tant que le cep, dans les riants vignobles, sera chargé du fruit qui fait leur richesse, nous jurons de te rendre l'hommage qui t'est dû pour un si grand bienfait! »

Applaudissez à nos chants, compagnons et compagnes à qui ils auront pu plaire; car chacun a rempli sa tâche autant qu'il a été en lui. Hesper s'avance, levez-vous, aimable jeunesse, Hesper vous appèle à de nouvelles jouissances. Il est temps de quitter les tables, et de prendre furtivement autant de baisers que vous pourrez. Que ceux qui ont un même penchant se rassemblent : jouez, jeunes gens, mais que la décence préside toujours à vos plaisirs, et c'est alors qu'ils vous seront tous permis. Déjà la Cithariste vous appèle à la danse; prenez-vous les mains, et frappez ensemble le sol d'un pied concordant. Que la flûte aux sept tuyaux fasse entendre ses sons aigus (21), et qu'elle rivalise en mesure avec les chants que vous commencerez. Frappez le sol également, et que ceux qui connaissent la valeur de la mesure, guident vos pas de leurs modulations. Où suis-je emportée par cette concordance de voix qui répètent mes chants? Ah! quelle expérience il avait celui qui le premier dit que la danse affectait plus voluptueusement l'ame, quand elle suivait les accents d'une voix bien mesurée. C'est alors que l'Amour met tous ses moyens en usage, et que Vénus cache ses desseins sous des jeux innocents. Heureux Jour, puisses-tu tous les ans nous revenir aussi joyeux, et accompagné de tous ces charmes qui ont contribué à nos plaisirs! Mais déjà l'étoile du matin, qui s'élève de l'Orient, nous annonce qu'il faut mettre un terme à nos amusements. Aimable jeunesse, retournez dans vos paisibles demeures, où vos membres fatigués puissent jouir du repos qui les y attend. Hélas! pourquoi ne puis-je me rendre sur la couche qui actuellement est l'objet de mes desirs? les agréments de cette fête auraient pour moi une bien meilleure fin.

---

(1) Ce jour est celui de la naissance de la belle Pancharis. J'ignore si ce jour était célébré chez les Grecs, mais il l'était chez les Romains. « Cette cérémonie, dit Noël, se renouvelait tous les ans et toujours sous les auspices du génie qu'on

invoquait comme une divinité qui présidait à la naissance des hommes. On dressait un autel de gazon qu'on entourait d'herbes sacrées, et dessus, on immolait un agneau. Les parents saluaient leurs enfants au milieu de la cérémonie, en leur criant, *Hodie nate*, ou *nata*, *salve*. Chaque particulier se revêtait d'habits les plus beaux, et étalait aux yeux de ceux qui le visitaient, tout ce qu'il avait de plus magnifique. Toute la maison était ornée de fleurs; partout on y trouvait des couronnes, et la porte, décorée de guirlandes de feuilles, était ouverte à toutes les personnes de connaissance qui apportaient leurs présents. Ainsi l'on célébrait ces grands hommes, dont la vertu est un titre à la mémoire, et que la postérité dédommage de l'injustice de leur siècle. Mais bientôt l'adulation s'en mêla, comme aujourd'hui parmi nous, et ainsi l'on fêta la nativité de ceux que d'heureux hasards avaient portés au faîte des grandeurs et de qui l'on attendait quelques bienfaits.

(2) Oiseaux qui font leur nid sur le bord de la mer, et souvent parmi l'algue et le varec que les flots poussent dans les enfoncements des rochers. La fable dit qu'Alcion, géant, frère de

Porphyrion, ayant tué vingt-quatre soldats d'Hercule, fut lui-même tué à coups de flèche. Il avait sept jeunes filles qui l'aimaient si tendrement, qu'apprenant la mort de leur père, elles se jetèrent de désespoir dans la mer, où étant changées en cet oiseau, elles continuèrent par leurs cris de donner des marques de leur douleur.

(3) De tous les temps, les couronnes de fleurs servirent à relever les charmes de la beauté. Égésius, en parlant de leur usage, s'exprime de la manière suivante, au rapport d'Athénée : « La riante Vénus fit, avec les femmes de sa suite, des couronnes odoriférantes des fleurs de la terre ; les Nymphes, élégamment coëffées, et les Graces les lui posèrent sur la tête, et s'accordant avec la déesse, elles formèrent le plus beau concert sur les côteaux de l'Ida, d'où coulaient nombre de fontaines ». Mais les jours où les jeunes filles s'ornaient plus communément de couronnes, étaient ceux où elles allaient chanter aux temples quelques hymnes solemnelles, quand elles conduisaient une nouvelle mariée à la couche nuptiale, en lui chantant, comme dans une épithalame que nous devons à Catulle ;

Virginitas non tota tua est : ex parte parentum est;
Tertia pars patri data, pars data tertia matri,
Tertia sola tua est : noli pugnare duobus,
Qui genero sua jura simul cum dote dederunt.
Hymen ò Hymenæe, Hymen ades o Hymenæe.

Elles se courronnaient encore quand elles se réunissaient pour former une danse sur le bord émaillé de quelques rivières, sur le rivage de la mer, ainsi que le dit Théocrite, en parlant du mariage d'Hélène et de l'enlèvement d'Europe.

(4) On peut voir dans Court de Gébelin et dans l'ouvrage intitulé *les Fêtes de la Grèce*, la marche de ce genre de cérémonie à l'égard des athlètes qui avaient gagné le prix aux Panathénées. Le récit qui en est fait, a beaucoup fourni à l'auteur, pour nourrir sa description. « Là, c'était un groupe d'enfants, dont la gaîté se montrait avec toute la fraîcheur d'un bouton de rose qui s'épanouit. Là, des Vierges ingénues, dont les bras mollement contournés, venaient soutenir des corbeilles mystiques, ornées de différentes fleurs. A la cadence de leur marche, à la transparence du lin qui couvrait leurs naissants appas, aux guirlandes de violettes et de roses qui enlaçaient leurs brillantes épaules, on

les eût prises pour des Nymphes qui dansaient au-devant de Flore. Des esclaves venaient tour à tour et de temps à autre lui offrir un parasol, pour la défendre des ardeurs du jour et un pliant pour se reposer D'autres portent des vases destinés aux libations. Les adolescents chantent des hymnes. Une foule innombrable et parée les accompagne, les suit ou les précède, ayant des palmes à la main et des fleurs sur la tête. Des chœurs, des musiciens, des rhapsodes et des athlètes suivent et développent leurs talents rivaux ».

(5) Il y a dans l'original, *perfluat incessus*. On ne peut rendre d'une manière plus expressive cette démarche lente et inégale qui, chez les anciens, était d'usage dans un cortège auguste. Telle était la manière de marcher qu'observaient, quand ils paraissaient en public avec toute la pompe de leur culte, les Galles : *Quorum incessus hac illac fluit ; quod specimen fastus est et mollitiei*, dit un commentateur d'Apulée.

(6) Le lin fut toujours la matière des vêtements que les anciens employaient lors de la célébration de quelques mystères, ou dans

l'exercice de quelques cultes ; coutume qui a passé jusqu'à nous, ainsi qu'on l'observe dans les temples où les cérémonies font partie du rit religieux. Apulée en donne la raison dans son Apologie. La laine, dit-il, est l'excrément d'un corps immonde, la dépouille d'une bête stupide. Orphée et Pythagore, les premiers législateurs de la Grèce, mirent au rang des choses profanes, les vêtements qui en sont faits. Le lin au contraire, est, de toutes les productions de la terre que peut mettre en œuvre le tisserand, celle qui est la plus dénuée de principes étrangers, celle qui, bien préparée, donne des fils les plus beaux et les plus blancs, raison pourquoi les prêtres égyptiens s'en servirent pour les habits dont ils se revêtaient lors de la célébration de leurs augustes mystères. Cette beauté du lin, dont parlent les anciens auteurs, n'a rien qui doive surprendre ceux qui ont vu le soyeux qui faisait l'admiration des connaisseurs, dans la dernière exposition des objets d'industrie, au Louvre.

(7) On donnait, chez les Grecs, le nom de canéphores aux jeunes filles qui, dans les cérémonies pieuses, portaient sur la tête des cor-

beilles entourées de fleurs, dans l'intérieur desquelles étaient des offrandes destinées aux autels. Dans ces sortes de cérémonies, les canéphores marchaient les premières ; après elles, paraissaient le phallophore, ou celui qui portait un thyrse couronné, et le corps de la musique venait après. Parmi les canéphores, était celle qui portait les gâteaux de froment. On appelait santé, *soteria* ; la part qu'on en donnait à chacun, pour en goûter et leur porter bonheur. Nous avons conservé cet usage, que les premiers chrétiens nommèrent leur eulogie, dans la distribution qu'on fait encore du pain qu'on bénit dans les églises catholiques.

(8) L'amaranthe est une plante qui, selon le système naturel, se trouve dans les dicotylédones apétales, ayant ses étamines hypogynes. Celle dont il est fait mention dans l'original, est l'amaranthe en queue, *amaranthus caudatus*, originaire de Perse et du Pérou. Elle orne nos jardins depuis le mois d'août jusqu'à la fin de l'automne. Cette plante n'a point de corolle, ce qu'on prend pour tel, n'étant qu'un calice coloré composé de trois ou cinq feuilles, dont l'ensemble forme un épi d'un rouge pour-

pré. Ceux qui expliquèrent les hiéroglyphes
d'Horus Apollo, ont adopté comme symbole de
la briéveté de la vie, les fleurs qui, se flétris-
sant promptement, sont de courte durée, et
ils ont regardé comme indice de la vieillesse,
les tiges d'amaranthe, qui, cueillies, se gar-
daient long-temps avec toute leur fraîcheur; et
en cela leurs idées étaient conformes à la racine
du nom de la plante, qui vient de *l'alpha* privatif
et de *maraino*, qui veut dire se faner. L'amaranthe était donc le symbole d'une vieillesse que
promettait cette bonne disposition du corps qui
caractérise la santé. Aussi, cette qualité de l'a-
maranthe connue, les Thessaliens, d'après l'avis
de l'Oracle de Dodone, allant tous les ans faire
un sacrifice au tombeau d'Achille, non seulement emmenaient avec eux deux taureaux, l'un
blanc, l'autre noir, le bois coupé sur le mont
Pélion, le feu de leur pays, la farine et l'eau
du fleuve Sperchius; mais encore des couronnes
et chapeaux d'amaranthe, qui, plus durables
que ceux de toute autre fleur, pouvaient sans
se faner, supporter les longueurs du chemin et
les contrariétés qu'on éprouve en mer.

(9) On connaît cette manière de se porter

réciproquement la santé parmi nous. Elle a son origine dans l'antiquité la plus reculée. Les dieux, dans Homère, en savourant le nectar, se saluent les uns et les autres avec des coupes d'or; c'est-à-dire, au rapport d'Athénée, qu'ils les tenaient de la main droite, et se les présentaient réciproquement. Ainssi, Ulysse porta la santé à Achille, en lui présentant le ciathe de la main droite. Mais, le plus communément, au dire de Lucien, quand on buvait à la santé de quelqu'un, on goûtait d'abord au ciathe, et on l'envoyait vuider à celui qu'on saluait.

(10) Les anciens Grecs, notamment les Spartiates, plus sages que les modernes, ne s'enivraient jamais, prenant pour règle, dans leurs repas même d'invitation, ce que leur dictait la tempérance. Ainsi, Périandre exhortait Pittacus à éviter toute débauche dans l'usage du vin, de peur, lui disait-il, que tu ne sois connu tel que tu es, et non tel que tu veux paraître; car, si l'airain poli devient le miroir de la figure, le vin devient celui de l'ame. On dit proverbialement à ce sujet, que le vin n'a point de gouvernail.

(11) Les parfums étaient d'usage dans les re-

pas des Grecs, pour abattre les fumées du vin. Non seulement on en distribuait une petite boîte à chaque convive chez les riches; mais, encore, on en faisait brûler dans les salles des festins, et l'on répandait des eaux odorantes sur les tables; méthode qui est encore en usage aujourd'hui chez les princes de la Perse et dans les Indes, chez les grands.

(12) C'était vers le milieu des repas, que les anciens avaient l'usage voluptueux de se couronner des fleurs les plus suaves. La rose était celle qu'ils préféraient, à s'en rapporter au choix d'Anacréon, dans la persuasion où ils étaient, qu'elle arrêtait l'ivresse qu'ils n'aimaient point. Ce poète, en chantant les louanges de cette fleur, dit : « Elle est l'honneur des festins ; sans elle, comment célébrerait-on les solemnités de Bacchus ? ». Les couronnes n'étaient originairement qu'un simple ruban, dont on se serrait la tête pour arrêter les fumées du vin. On les fit ensuite en lierre à fruit doré, commun dans la Grèce, dans la croyance où l'on était que les feuilles de cet arbuste grimpant, empêchaient l'ivrese ; puis on substitua à celles-ci, celles de myrte et d'ache.

(13) Les scholies, chez les anciens, étaient des chansons qui, lorsque chacun était couronné de fleurs, se chantaient dans un repas joyeux. Les plus ordinaires, étaient celles que tout le monde chantait, mais à la ronde. On les recommençait, comme nous le faisons aujourd'hui, quand tous les convives avaient mangé à leur suffisance. Le plus habile chanteur, à qui l'on faisait passer une branche de myrte, en commençait une en s'accompagnant de la lyre, et terminait toujours par une pensée qui renfermait quelques sages avis, ou une sentence qui tendait au bonheur de la vie. Ces sortes de scholies, dans les grands repas, étaient toujours entremêlées de discussions philosophiques, de l'explication de quelques énigmes que souvent on s'envoyait de fort loin; ainsi qu'on le peut voir dans le Banquet des sept sages de Plutarque. Les scholies athéniennes étaient en grande renommée, tant par leur ancienneté que par leur naïveté; elles étaient morales, mythologiques ou historiques. Parmi celles du premier genre, nous citerons la suivante, que nous devons à Athénée, qui nous l'a transmise sans en citer l'auteur :
« Quand on est encore à terre, il faut considérer si l'on a tout ce dont on a besoin pour le voyage

de mer qu'on veut entreprendre ; mais quand une fois on est embarqué, il faut diriger sa route selon le vent qu'on a ». Telle est encore la suivante, qui sort de la bouche de Timocréon, sur le mépris des richesses : « Richesses aveugles, vous ne devriez paraître ni sur la terre, ni sur la mer, ni dans le reste du monde visible, mais habiter le Tartare et l'Achèron, puisque c'est de vous que tous les maux vièrent aux hommes. » Une du même genre est celle que nous a transmise Athénée : « Ami, le scorpion se glisse sous toutes pierres ; prenez garde qu'il ne vous pique : toutes fourberies se cachent dans l'obscurité ». Parmi plusieurs scholies mythologiques citées par le même auteur, nous choisirons la suivante : « O Pan, maître et protecteur de l'Arcadie, qui sais si bien danser et courir après les Nymphes badines qui s'enfuyent avec bruit, ô Pan, parais toujours plein de gaîté dans nos chansons ». Aristote nous a donné une preuve de son génie poétique dans la scholie suivante, qu'on range dans la troisième classe : « O Vertu qui, malgré les peines que tu offres aux faibles mortels, es l'objet constant de leurs recherches; Vertu, pure et estimable, ce fut toujours aux Grecs un destin digne d'envie que de souffrir, sans se rebuter, les maux les plus affreux et même de mourir pour toi ; tant sont puissantes les semences de l'immortalité que tu répands dans les cœurs ! Les fruits en sont plus précieux que l'or, que l'amitié des parents et que le sommeil le plus tranquille; c'est pour toi que le divin Hercule et les fils de Léda essuyèrent mille travaux; le succès de leurs exploits annonça ton pouvoir. C'est par ton impulsion qu'Achille et Ajax allèrent dans le sombre manoir, et que le prince d'Atarne s'est aussi privé de la lumière qui nous éclaire ; prince à jamais célèbre par ses actions, les filles de mémoire chanteront sa gloire toutes les fois qu'elles chanteront le culte de Jupiter-Hospitalier, ou le prix d'une amitié durable et sincère. »

(14) Il était d'usage, dans les repas d'alors, de mêler les agréments de cet instrument à la gaîté de la table. Il paraît, d'après ce qu'en dit Athénée, que l'on exécutait différents airs de manière à en former une musique imitative. Aussi, ceux qui se distinguaient en ce genre, étaient-ils très-estimés des grands, et les inventeurs de flûtes furent-ils regardés comme bienfaiteurs de la société. Ce fut Pan qui inventa le cha-

lumeau, ou flûte à sept tuyaux; Midas, roi de Phrygie, d'après ce premier type, trouva la flûte traversière; et Marsyas les flûtes doubles. Les filles grèques qui avaient quelque beauté, ne négligeaient point l'étude de la flûte, qui pouvait faire valoir leurs charmes; on cite entre autres la belle Lamia, favorite de Démétrius, qui en jouait supérieurement. Mais, quel que fut le talent que dévelopaient ces virtuoses, il ne pouvait plaire aux personnes de goût, qu'autant qu'il était allié aux modulations d'une belle voix; et, en cela, nous appuierons notre opinion du jugement de Plutarque, qui dit par l'organe d'Amyot, son traducteur : « Toutefois, j'estime que ni le son de la flûte, ni celui de la lyre, sans voix modulée chantant le dessus, ne saurait réjouir une assemblée de convives; car il faut s'accoutumer à prendre la volupté principalement de la parole, et quant à l'harmonie, en faire l'assaisonnement ».

(15) On ne donnait point autrefois un grand repas en Grèce, que les chanteurs et danseurs n'y assistassent, pour y répandre plus de gaîté; c'est ce qu'on voit dans l'Odyssée, où Homère, parlant des amants de Pénélope, chez Ménélas,

raconte : qu'un divin musicien chantait, et deux danseurs commençant leurs jeux selon ses accents, en suivaient toute la mesure dans leurs gestes animés. Les chansons se distinguaient en celles de table et celles de profession. Pindare, Anacréon et Alcée, sont célèbres dans celles du premier genre, qui caractérisaient l'ivresse, l'amour, l'amitié et la joie. Celles du second étaient particulières à certaines professions, aux moissonneurs, aux vendangeurs, aux tisserands et autres. « Dans celles-ci, dit le jeune Anacharsis, par l'organe de son historien, le récit des travaux est adouci par le souvenir de certaines circonstances ou par celui des avantages qu'ils procurent ». J'entendis, une fois, un soldat à demi-ivre, chanter une chanson dont je rendrais plutôt le sens que les paroles : « Une lance, une épée, un bouclier, voilà tous mes trésors. Avec la lance, l'épée et le bouclier, j'ai des champs, des moissons et du vin. J'ai vu des gens prosternés à mes pieds, ils m'appelaient leur souverain, leur maître ; ils n'avaient point la lance, l'épée et le bouclier ».

(16) L'expression de semer des noix, selon le dire de Varron et de Pline, était consacrée aux

repas nuptiaux ; elle eut ensuite son application dans les repas d'autre genre. C'était une sorte d'hommage qu'on rendait à Jupiter, parce que l'arbre qui les portait lui était consacré ; aussi les appelait-on *Juglandes*, pour dire *Jovis glandes*. « Chez les Romains, on jetait encore les noix, dit Varron, pour amuser les enfants, pendant qu'on chantait des airs fescéniens, dont les oreilles chastes auraient pu recevoir quelque atteinte. »

(17) Plutarque, dans son Banquet des sept Sages, rapporte que les Egyptiens avaient coutume de faire apporter au milieu d'un festin, le squelette d'un homme et de le montrer à tous les convives, les avertissant par ce triste spectacle, de l'usage agréable qu'ils devaient faire de la vie qui, tôt ou tard, leur sera ravie. Les Grecs étaient plus recherchés dans leur choix. C'était toujours une Cantatrice qui donnait l'avis, en accompagnant chaque strophe qu'elle chantait, d'un air de flûte qui lui donnait plus de valeur. Le poète Hafez, il y a quelques siècles, publiait la même morale ; ainsi qu'il conste par la stance suivante que nous prenons de son traducteur :

O ! waste not spring's voluptuous hours ;
But call for musick's magic pow'rs ;
For wine and for the mistress of thy heart :
The mirthful season's transient stay
Is but the visit of a day ;
Its smiles are sweet, but soon those smiles depart.

(18) Voyez relativement à ce passage l'hymne sublime d'Homère, ou l'on trouve la magie de la poésie descriptive dans toute sa richesse.

(19) Athénée observe que les premières tasses furent de cornes de bœuf, et que c'est d'après cela qu'on a représenté Bacchus avec des cornes, et que même plusieurs poètes lui ont donné le surnom de *Cornifer*. Aussi, pour le prouver, il observe, qu'en parlant de mêler le vin avec l'eau, on dit *kerao*, de *keras*, corne. Ainsi, Pindare, faisant mention du repas des Centaures, continue, en disant : « Lorsque ces animaux eurent connu la force indomptable du vin délicieux, à l'instant ils renversèrent le lait de dessus les tables, et buvant sans distinction dans des cornes, il perdirent la raison ».

(20) Tige d'une plante ombellifère, dont les feuilles ressemblent à celles du fenouil. Cette

tige est quelquefois assez forte pour servir d'appui, mais jamais assez dure pour qu'on puisse blesser ceux qu'on frapperait avec elle. Aussi, Bacchus, cet ancien législateur de l'Orient, ordonna-t-il sagement aux premiers hommes qui burent du vin, de ne se servir que de bâtons de ce genre au lieu de ceux de bois, dont ils auraient pu faire un mauvais usage, étant pris de vin.

(21) On trouve dans les charmantes pastorales de Daphnis et Chloé, l'origine de cet instrument. Il y est dit que la nymphe Syrinx, fuyant les embrassements de Pan, se cacha dans un lieu plein de roseaux, et disparut aux yeux du dieu qui la poursuivait. Ce dieu arracha de colère quelques roseaux, et les disposa d'une manière inégale entre eux, pour marquer le peu de conformité de ses feux avec ceux qu'il aurait voulu inspirer à la belle.

LES PARALIPOMENES.

Pancharis, que je loue, que j'admire cette vive ardeur qui te porte à l'étude de tout ce qui peut contribuer à ta perfection! Mais comme tu me sembles encore intéressante quand tu sollicites de moi ces instructions qui, bien saisies, fourniront une des meilleures nourritures à ton esprit! « Si, dis-tu, les hommages que nous avons rendus à Vénus ont tant de fois contribué à notre bonheur, nous relâchant un peu sur notre zèle, n'y revenons que pour prendre de nouvelles instructions sur tout ce qui pourrait encore m'être caché. » Fort bien, ame de ma vie! dès ce moment tes vœux seront remplis. Pendant qu'assis à l'ombre de ce chêne touffu, on nous croit, avec raison, occupés aux considérations de la plus sublime philosophie, qu'il me soit permis de continuer sur les choses que nous a développées la bonne déesse dans les mystères qui te sont déjà connus. Nous les envisagerons philosophiquement ; car, de cette manière, les notions qu'elles nous fourniront contribueront mieux à remplir nos moments. Ainsi, Pancharis, toute entière à mon récit, accorde-moi l'attention que demande une matière aussi importante.

Rien de ce qui a été créé ne périt dans l'univers, les corps qui existent, devant, d'après des lois générales, fournir, en cessant d'être, des principes de vie à ceux qui paraîtront après eux. La mort, aux yeux du sage, n'est donc qu'un changement nécessaire par lequel ce qui naît remplace ce qui discontinue son existence (1). Si tu vois actuellement la nature, dans toute sa vigueur, offrir çà et là des germes qu'elle recélait dans son sein, cette merveilleuse reproduction est l'effet de la putréfaction des corps qui avant jouissaient de toutes les prérogatives de la vie. Mais la chaleur, pénétrant le limon qui en reste, bientôt celui-ci, plus docile aux lois de l'organisme, prend différentes formes qui annoncent un premier travail de végétation. Ces formes sont les indices les plus évidents d'une vie éphémère, par laquelle végètent et même donnent un feuillage, ces substances informes, qui avant n'étaient qu'un vrai limon. C'est aux opérations qui se passent en pareil cas dans les réduits les plus cachés de la vie végétale, que Flore, Cérès, Bacchus, Pomone, et le dieu vermeil des jardins rapportent toutes les richesses qu'ils nous étalent. Ainsi, au moyen de l'eau qui lui sert de véhicule, le limon gras forme les plantes, leur donne une certaine consistance, les nourrit et les entretient dans toute leur vigueur. Mais ces ébauches de la vie, soumises au pouvoir de la digestion chez les animaux, servent dès-lors à leur nourriture : de cette manière, ceux-ci, refaits par de nouveaux sucs, parviènent au plus haut degré de leur croissance. Tel est le mécanisme par lequel les machines animales, une fois formées, parviènent à un plein développement; telles sont les lois annexées à chacune d'elles pendant leur vie, jusqu'au moment où la mort vient la terminer en en désourdissant tous les ressorts. Ainsi naissent, vivent et croissent tous les êtres organisés, quelles que soient les formes qui en varient les espèces; et lorsqu'ils ont une fois parcouru les périodes de leur vie, ils semblent s'affaisser et se tourner vers le sol d'où ils sont sortis. Mais pour que ce vaste univers continue son existence, avec tout le luxe qu'il reçut de son créateur, celui-ci cacha dans chaque être des moyens de reproduction propres à remplir ses vues; moyens qui, mis en activité, facilitent le développement de la vie chez les espèces à naître, et donnent du mouvement à ce qui n'était auparavant qu'une mucosité. De là ce pouvoir impérieux qui entraîne chaque espèce organisée à obéir aux lois établies pour sa conservation. Ainsi, les ressorts de l'organisation se débandant chez celles qui meurent, il s'en développe d'autres chez celles qui, occupant la place qu'ils laissent, ont également leurs destinées à remplir. C'est à ces lois générales, établies pour maintenir la succession des êtres, que se rapporte l'ardeur qui excite un amant à témoigner à celle qui mérite son hommage, les vifs sentiments de son ame ; sentiments qui, par la suite, leur devenant communs, les font vivre l'un et l'autre sous les auspices du dieu d'amour. Il se forme chez le mâle une humeur à qui les médecins donnèrent anciennement le nom de prolifique, à raison de l'usage dont elle est dans la reproduction. Ses principes circulent dans les ondes pourprées du sang, jusqu'à ce qu'elle s'échappe par les voies que la nature lui a ouvertes. Expulsée par les succussions alternatives qui sont nécessaires à son entière évacuation, elle s'offre au-dehors sous des apparences qui lui sont propres. On a regardé cette humeur comme la quintessence du corps (2), dans la persuasion où l'on était que les fibres du germe caché recevaient d'elle l'influence nécessaire à l'animation des divers ressorts de la vie. Il est chez la femelle un canal qui, approprié à l'organe du mâle qu'il doit recevoir, mène directement à celui où doit se développer le produit de la conception. Ce dernier organe est un viscère creux, charnu, où la liqueur prolifique séjournant, et se mêlant aux sucs de la mère, contribue au développement de la vie chez l'embryon naguères enséveli dans l'obscurité du néant. Telle était la doctrine d'Hippocrate, qui, reconnaissant des germes dans chaque sexe, prétendait que l'un et l'autre contribuaient pour leur part au grand ouvrage de la reproduction. Mais Aristote (3) a depuis publié des dogmes bien différents, qu'il a basés sur de nouvelles expériences. Il admet chez les femelles nombre d'œufs, qui, selon lui, ne peuvent être fécondés que par l'influence du mâle (4). Celui qui l'a reçue, développé ensuite par le sang qui lui vient de la mère, prend insensiblement la forme animale à mesure que chaque organe attire la nourriture qui lui convient. Lorsque, chez la femme, neuf révolutions lunaires se sont écoulées, le nouvel être, jouissant de toute la force qui lui est nécessaire, la met en action pour se frayer un passage. Ainsi, au printemps de la vie, lorsque les organes ont toute leur vigueur, un feu inconnu porte son influence sur eux. Ce feu, animant les deux sexes, leur est bientôt cause de sensations qui donnent un tout autre mode à leur existence. Telle est la loi générale; mais, pour que son but soit rempli, chacun doit s'étreindre d'une manière aussi intime que la jeune vigne s'enlace à l'ormeau. De là cette ardeur qui, consumant chaque être, entraîne tout ce qui vit, à s'unir. Lorsque le moment est venu sur l'aîle légère du plaisirs, un autre ordre de choses commence et se continue. Les ressorts de l'organe viril qui doit porter les principes excitants chez la femme, se tendent; et, activés par la Volupté qui concentre sur eux son pouvoir, ils disposent l'assaillant à tenter tous les hasards. D'une autre part, le sang, chez le sexe, développe le système destiné à la conception; il répand partout une toute autre énergie, pour que l'esprit générateur pénètre mieux les éléments cachés de l'embryon et en active le jeu. L'organe destiné à nourrir l'être qui a reçu par lui la vie, eût été incapable d'une pareille fonction, si cette humeur vitale ne l'y eût auparavant convenablement disposé. A cette époque, tous les canaux en sont largement fournis; et celle-ci, trouvant toutes les routes bien ouvertes, n'éprouve aucun retard dans son cours. Si elle surabonde, une force particulière en dirige l'excédent par les voies inférieures d'où il s'écoule chaque mois, d'une manière régulière. Ce fluide pourpré arrose le sol génital, et par l'humide vital qu'il lui procure, il le dispose à nourrir le fétus et ses annexes, pendant tout le temps que la mère porte son fruit. S'il est encore permis à ceux qui fréquentent les sacrés vallons, d'implorer le secours des cieux, ô docte Apollon ! conduis-moi dans ces routes obscures, dans ces sentiers hérissés d'épines, où la vérité aime à se cacher, et où se fourvoient si facilement ceux qui n'en connaissent point les détours. Si tu exauces ma prière, je n'ai plus à redouter les chemins perdus où je pourrais m'égarer. Le moment où les sexes, frémissant sous le pouvoir d'un même amour, s'étreignent et cherchent à joindre leurs ames qui s'exhalent en soupirs humides, est, pour le philosophe, l'origine d'autres phénomènes qui sont de la plus grande importance. C'est alors que les membres, chez l'homme, ébranlés par la secousse du plaisir, se résolvent en une liqueur abondante qui, expulsée par des constrictions successives, passe au sexe, en parcourant le sanctuaire de la Volupté sous les plus heureux auspices. Le principe subtil de cette humeur se porte aussitôt au lieu où l'embryon repose, en attendant le *momentum* d'une vie qui est encore nulle pour lui. Pendant que toutes ces étonnantes opérations se passent, il survient une extase si délicieuse, qu'elle met presque l'un et l'autre sexe hors des bornes de la raison. Ils délirent au milieu des plus vifs sentiments qu'ils éprouvent tous deux, tant sont puissantes les émotions qu'ils éprouvent. Je ne parle point ici d'après le produit d'une imagination mensongère; aussi, Pancharis, ne dois-tu pas tourner en doute des faits qui méritent toute ta croyance. Ce fut autrefois un objet de contestation entre les dieux, d'établir si le mâle, dans les étreintes de l'amour, éprouvait un plus grand plaisir que n'en goûte la femelle. Les Grecs disent que Tirésias (5), expert dans l'une et l'autre jouissance, mit sur ce point la chose hors de tout doute. Ayant été homme et femme tour à tour, il assura avoir éprouvé une bien plus vive sensation, lorsqu'il avait ce dernier sexe. Aussi, on dit qu'un jour où le dieu de la foudre rouge, sous le pouvoir d'une volupté qui absorbait tous ses sens, s'abandonnait aux jouissances que lui offrait sa digne épouse, il lui tint ce langage : « O tendre amie ! vous venez par vous-même, d'éprouver la vérité de ce que je vous soutenais dans nos entretiens familiers; savoir, que les plaisirs de la jouissance sont plus vifs pour votre sexe que pour le nôtre ». La déesse nie le fait et demande un juge qui puisse terminer le différent. Tirésias, aussitôt appelé, décida en faveur du maître du tonnerre; mais son jugement, aux yeux de la déesse, fut pour lui un crime qu'il expia par la perte de sa vue. Ainsi, les dieux, encore moins les déesses, ne savent point mettre de bornes à leur ressentiment ! Admire, ma chère, d'après l'esquisse que je viens de t'offrir, ces moyens ingénieux auxquels la nature a recours, toute occupée comme elle l'est, du renouvellement des êtres qui périssent. Elle a uni la volupté à la nécessité de répondre à ses lois, pour que personne ne puisse s'y soustraire, et qu'ainsi il n'y ait aucune interruption dans l'acte de la création. Çà donc, que l'Amour nous renouvelant ses faveurs, nous retiène toujours sous ses chaînes, et que tous nos moments se passent en jouissances nouvelles. Comme rien n'annonce que tu portes en ton sein des indices auxquelles on puisse reconnaître nos ardeurs, renouons ces liens que Vénus verra se resserrer avec plaisir. D'ailleurs, Junon, propice à ma prière et à mes offrandes, veut encore que nos jours coulent sans aucun nuage. Peut-être le temps n'est pas loin, où, favorablement

regardé de ta mère, je pourrai sans
doute lui faire part des feux dont j'ai
toujours brûlé pour toi. Ah ! si elle m'alléguait alors quelque raison pour les condamner, puisse l'Hymen, sous l'abord le
plus favorable, se présenter à elle pour
les annuller ! Si la fortune nous sourit;
si Lucine,(6) ayant comblé nos vœux, permet que tu mettes au monde un enfant
précieux qui nous rappèle continuellement notre flamme, mon bonheur égalera celui des dieux.

―――

(1) Cette doctrine de la transmutation des
êtres, est une des plus anciennes opinions qu'on
ait eues sur la matière ; elle doit son établissement à Empédocle, qui disait que c'était le
sort de chaque partie du globe que nous habitons, d'être constamment soumis aux mêmes
lois, de tomber dans le chaos, pour en renaître
ensuite. Elle fut adoptée par Socrate, qui dit
par l'organe de Platon : « Rien ne se perd à
la dissolution du corps animal; les parties dis-

soutes continuant d'agir, de souffrir, de se composer et de se décomposer, jusqu'à ce que, par des passages sans nombre, elles se changent en parties d'un autre individu. Les unes deviènent poussière, les autres humidité; celles-là montent dans l'air; celles-ci entrent dans une plante, passent de la plante à un animal vivant, et quittent l'animal pour servir de nourriture à quelque ver ». Lucrèce l'a ratifiée, en disant dans son premier livre :

Quando alium ex alio reficit natura, neque ullam
Rem gigni patitur nisi morte adjutam aliena.

Après ces philosophes, elle fut long-temps combattue par d'autres qui ne raisonnaient que d'après leur imagination. De nos jours, appuyée sur tout ce que la physique et la chimie peuvent nous offrir de réel, elle est tellement fondée sur des faits, que vouloir la combattre, serait donner des preuves de mauvaise foi ou d'ignorance.

(2) Démocrite, au dire de Plutarque, regardait l'humeur dont il s'agit, comme un écoulement de toutes les parties du corps, *ecrusis apo olou tou somatos*. Cette opinion, adoptée

par Épicure, le fut également par Hippocrate, qui dit dans son livre de la Génération : *Genituram secerni ab universo corpore, et ex solidis mollibusque partibus, et ex universo totius corporis humido pronuncio.* Aristote, à cet égard, regardait la liqueur prolifique comme un véritable excrément : *excrementum ultimæ concoctionis residuum.* Lucrèce, en parlant des phénomènes de la coïtion, dit de la manière la plus énergique :

*Usque adeo cupide Veneris compagibus hærent
Membra voluptatis dum vi labefacta liquescunt.*

La passion, continue-t-il, a choisi son objet; elle brûle de s'élancer sur l'auteur de sa blessure. C'est un combat, une guerre réelle, des coups portés, du sang répandu, une ennemie qui succombe, et un vainqueur téméraire souvent ensanglanté au milieu de sa victoire. Ainsi le cœur que Vénus a blessé, en armant de tous ses feux une femme séduisante, se porte vers l'objet d'où le coup est parti, pour s'unir à lui et l'inonder des flots de son amour.

(3) Philosophe né à Stagyre et fils de Nicomaque, médecin. « Après avoir dissipé son pa-

trimoine, dit Épicure, il prit le parti des armes; mais, n'y réussissant pas, il se mit à vendre des drogues ». Platon ouvrait alors son école; Aristote se voua tout entier à ce philosophe, assistant assiduement à ses conférences. Ayant une certaine aptitude pour les sciences, il y fit de tels progrès, qu'il devint précepteur d'Alexandre le Grand. Il mourut à soixante-trois ans, la même année que Démosthène cessa de vivre. Il cultiva beaucoup l'étude des animaux, notamment tout ce qui a rapport à la génération.

(4) Ce genre de fécondation a été mis en évidence par l'infatigable Spallanzani, sur les œufs de crapauds, de grenouilles et de salamandres aquatiques, qui n'avaient point souffert les approches du mâle. Il lui suffisait, pour opérer ce singulier genre de génération, de toucher les œufs, à mesure qu'ils sortaient du ventre, avec un cure-dent imbu de la liqueur du mâle. Il a fait plus, à l'aide d'une seringue, il a introduit chez une chienne en chaleur, treize grains de sperme d'un barbet; et ayant pris toutes les précautions nécessaires pour que les résultats ne fussent point sujets à contestation, la chienne, au bout de deux mois, a mis bas trois

petits vivants et apportant tous les caractères de ressemblance avec leurs parents.

(5) Tirésias était fils d'Évère et de la nymphe Chariclo. Il étudia, dès sa plus tendre jeunesse, la science des augures, et y excella. « Ce devin, dit Hésiode, ayant rencontré sur le mont Cyllène, deux serpents accouplés, il marcha dessus ; mais, à peine les eut-il touchés, qu'il fut changé en femme. Même fortune s'étant offerte à lui par la suite, et s'étant comporté comme auparavant, il redevint homme ; ce qui fut cause du choix qui fut fait de lui, ainsi qu'il est rapporté dans le texte. Peut-être cette fiction n'est-elle due qu'à ce que ce fameux devin avait écrit sur les prérogatives des deux sexes. D'autres disent qu'il éprouva ce malheur pour avoir regardé Minerve qui se baignait sur les bords fleuris de l'Hippocrène. Voyez cette dernière narration rendue avec tous les charmes de la poésie, dans la seconde hymne de Callimaque, intitulée *les Bains de Pallas*. Tirésias consacra sa vie au culte des autels et prolongea sa carrière jusqu'à sept générations.

(6) On donne ce nom à Junon, quand elle

préside aux accouchements. *Lux* en est la racine, à raison de ce que c'était par le moyen de cette déesse que les enfants voyaient la lumière : *quod partum ferat in lucem.* Les Romains ont tiré cette étymologie de *lucus*, qui était un petit bois consacré à Junon, sur le mont Esquilin. Voyez Pline le naturaliste. Ovide, en parlant de cette déesse, dit à ce sujet, dans ses Fastes :

.... *Dedit hæc tibi nomina lucus,*
Aut quia principium tu dea lucis habes.
Parce precor gravidis ; facilis Lucina, puellis ;
Maturumque utero molliter aufer onus.

LE BONHEUR.

Le sort m'est enfin favorable, et les dieux, dans leur clémence, ont comblé tous mes desirs ; ainsi je dois m'avouer heureux, actuellement que je jouis de toutes leurs largesses (1). Exempt de peines et d'inquiétudes cruelles, je repose paisiblement sur le sein de ma maîtresse ; soutenu à son cou, serré dans ses bras, je me repais de cette volupté qui me donne la vie ! Ainsi, j'épuise la coupe d'un nectar tel que jamais l'aimable Hébé n'en versa au souverain des dieux. Toujours près d'elle, je trouve dans ses regards, ses soupirs, ses ris et ses agaceries, les moyens les plus propres à nourrir l'ardeur qui me consume. Dans cette continuité de jouissances, tous les vœux que je forme, quelqu'inconséquents qu'ils puissent être, sont aussitôt exaucés par elle. S'il me survient quelque ennui, Diane, quelquefois le fils de Sémélé, mais plus souvent encore le docte Apollon qui m'accorde la faveur de ses trois genres de science, les dissipent au loin, en ramenant la sérénité dans mon ame (2). O agréable jouissance d'une maîtresse dont on est aimé! combien tu l'emportes sur ces plaisirs turbulents que la jeunesse égarée cherche avec tant d'ardeur! Mon langage est fondé sur l'expérience. Plaisirs bruyants, à qui je vouai les premiers temps de ma vie, ce n'est qu'avec peine que je me verrais encore soumis à votre empire. J'abjure donc tous vos charmes, je méprise toutes vos faveurs; ainsi que cette renommée si capricieuse, et ces espérances qui ne peuvent se réaliser que par des bassesses incompatibles avec la grandeur de mes pensées. Je suis caressé de ma belle; j'en serai désormais inséparable; ô Cythérée! je te le jure par les flèches redoutables de ton fils. Pompe, richesses, honneurs, quelle joie sincère apportez-vous aux hommes qui vous consacrent leur existence (3) ? Sont-ils à votre disposition, ces plaisirs que la paix de l'ame accompagne toujours ? Vous faites le supplice de ces insensés qui, négligeant les douceurs d'une vie paisible, subissent le joug d'airain que vous leur imposez. Ainsi, vous livrez aux chagrins et aux soucis, ceux qui, ne sachant mettre des bornes à leurs desirs, sont comparables à l'hydropique, qui, plus il boit, plus il cherche à étancher une soif qui continuellement se renouvèle en lui (4). C'est donc avec raison, ô Jupiter! que je te rends grace de m'avoir favorisé d'un sort plus conforme à mes goûts. Tu m'inspiras des desirs analogues à la douceur de mon caractère; tu me donnas la franchise et les avantages d'une bonne constitution. Tu ajoutas à ces largesses, les faveurs d'une belle qui chasse au loin les nuages qui pourraient obscurcir les agréments de ma vie.

Que l'Hymen, que Lucine comblent actuellement mes vœux ! il ne me restera plus rien à desirer. Ainsi, lorsque la vieillesse privera mes membres de leur énergie première, que le battement de mes veines éprouvera quelque retard, quand la beauté de celle qui m'aura allégé le fardeau de la vie, éprouvera les effets des injures du temps, qui ne pourront rien sur l'aménité de son caractère ; que la Parque au teint livide viène couper à tous les deux la trame (5). Alors, qu'une seule urne, rassemblant nos cendres, soit ombragée d'un noir cyprès qui étende au loin ses branches, peu m'importent les menaces que le sort pourrait nous faire. Ah ! peut-être une Muse qui nous sera amie, chantera-t-elle nos louanges, en nous citant comme ayant vieilli tous deux sous le pouvoir d'une flamme qui fut constante. O Diane ! par fois si ennemie des hommes ; et toi, Minerve, dont l'Hymen excite l'indignation toutes les fois qu'il attise son flambeau !

je vous consacre une génisse blanche, si vous me donnez l'assurance que mes vœux auront leur plein succès.

---

(1) Le poète Simonide dit, dans un de ses fragments : « Le bien le plus desirable pour le faible mortel, est la santé, puis un bon cœur, ensuite une fortune bien acquise, et enfin, le charme et la fraîcheur de la puberté, lorsqu'on en jouit dans les bras de ce qu'on aime ». En mettant le bonheur dans un bon cœur, notre poète philosophe se rapproche de l'opinion d'Aristote qui, dans son livre de Morale, le fait consister dans la pratique de la vertu. « Tous y tendent, observe le sage de Stagyre, mais tous n'y arrivent pas. Dans la route battue du bonheur, plusieurs restent en chemin, s'amusant à ramasser des fleurs communes, au lieu de gravir la montagne où cette déesse a établi sa demeure. Heureux, disait à ce sujet, le célèbre chantre de la philosophie d'Épicure :

Heureux qui, retiré dans le temple des sages,
Voit en paix sous ses pieds se former les orages:

Qui contemple de loin les mortels insensés,
De leur joug volontaire esclaves empressés,
Inquiets, incertains du chemin qu'il faut suivre,
Sans penser, sans jouir, ignorant l'art de vivre,
Dans l'agitation consumant leurs beaux jours,
Poursuivant la fortune et rampant dans les cours.

(2) Solon qui, orateur, poète, législateur et guerrier, réunissait tous les talents auxquels les hommes accordent leur admiration, indique, dans quelques morceaux qui nous restent de lui, que telle était la manière dont il s'adoucissait les peines de la vie. « J'aime, disait ce sage, les douces faveurs de Vénus, celles de Bacchus et celles que m'offrent les Muses. Elles remplissent de joie le cœur des malheureux mortels. Vieillissez en apprenant toujours quelque chose de nouveau ». « Les vraies richesses, disait à ce sujet le philosophe Antisthènes, sont celles qui flottent sur l'eau, ce sont celles-ci que l'homme doit acquérir, afin de pouvoir, en cas de naufrage, les emporter avec lui. »

(3) « D'où procèdent, dit Pascal dans son excellent Discours sur la Misère Humaine, ces peines que l'on prend pour parvenir au faîte des grandeurs, sinon du desir d'être entouré

de nombre de personnes et d'affaires qui nous empêchent de regarder au dedans de nous-mêmes notre petitesse, que nous ne pourrions supporter? Mais que la chance tourne contre ces ambitieux, quand une fois la déesse d'Antium leur a souri; leur sort ne leur en devient que plus amer :

. . . . *Tolluntur in altum*
Ut lapsu graviore ruant.
CLAUD.

C'est ce qu'observe Lucrèce quand il dit, par l'organe de l'immortel Rousseau :

Montrez-nous, guerriers magnanimes,
Votre vertu dans tout son jour;
Voyons comment vos cœurs sublimes
Du sort soutiendront le retour.
Tant que sa faveur vous seconde,
Vous êtes les maîtres du monde,
Votre gloire vous éblouit :
Mais au moindre revers funeste,
Le masque tombe, l'homme reste
Et le héros s'évanouit.

Juvénal, peignant en traits de feu les desirs insatiables des hommes, offre Annibal et Alexandre comme ayant été la triste victime des leurs. « Admirez celui-ci, dit-il en parlant du dernier : les bornes de la terre lui semblent trop étroites ; le malheureux s'y tourmente comme s'il étouffait entre les rochers de Gyare et de Seryphe ; attendez-le dans Babylone, un cercueil lui suffira ; la mort seule nous apprend à sentir le néant de notre être. »

. . . . *Mors sola fatetur*
Quantula sint hominum corpuscula.

(4) Palingène exprime une bien grande vérité, lorsqu'il énonce que le vrai bonheur est celui que goûte l'homme sage dans la retraite, au milieu d'un petit nombre d'amis, à qui la conscience ne reproche aucun mal. Là, dans une vallée écartée, sur un côteau solitaire, dans le plus épais d'un bois, ou sur le sommet d'une montagne, il éprouve, à l'aspect de la belle nature, de douces émotions qu'il ne saurait avoir dans de grandes villes remplies d'hommes insensés, parmi des voleurs, des sacrilèges, des querelleurs et des ambitieux. La sagesse fut toujours odieuse aux hommes, parce qu'elle est opposée à la dépravation de leurs mœurs. Les contraires ne souffrent point d'alliage. Le sage

doit donc se tenir toujours éloigné du vulgaire, lorsqu'il se donne à la recherche de la vérité. C'est alors que les immortels se plaisent et communiquent avec lui, en remplissant son ame de leur divine influence. Alors, il peut se dire jouissant sur la terre de ce bonheur qu'il espère encore après sa mort. Allez donc, aveugles mortels, continue notre auteur :

> . . . . *Ite et avaras,*
> *Cogite divitias, loculos distendite nummis*
> *Per fas atque nefas ; digitos onerate lapillis,*
> *Aureaque indigno glomerate monilia collo,*
> *Et Serum vestes passim ostentate superbas ;*
> *Perque forum medium tumidis incedite buccis.*
> *Ite, inquam, o cœci mortales ; sceptra, coronas,*
> *Imperia et demum quicquid temeraria vobis*
> *Largiri fortuna potest, nunc pectore toto*
> *Affectate, brevi tamen hæc tam pulchra recedent.*

Les bons conseils ne doivent point être rejetés, de quelque pays qu'ils nous viennent. Tel est celui du poète Hafèz, qui nous a été transmis de Shiras par son traducteur :

> O ask not alms at fortune gate,
> But from her hated temple fly !
> She gives her goblet's poison'd bait,
> She bids the drink, then she bid the die.

(5) Mourir avec ce qu'on aime, est le vœu de tout amant heureux; tel était celui de Laïs, fameuse courtisane d'Athènes, celui de Théagène et de Chariclée, au moment où ils se croyaient réservés au dernier supplice; celui de Ménandre, lorsqu'il écrivait à sa Glycère : « Vieillissons ensemble, mourons ensemble, et n'emportons pas avec nous le regret d'imaginer que le survivant puisse encore jouir de quelque bonheur. » Celui de Lydie, en répondant à Horace :

Tecum vivere amem, tecum obeam lubens.

Enfin celui d'Olinde, quand il dit à Sophronie dont il va partager la cruauté de la mort :

Ed o mia morte avventurosa appieno!
O fortunati miei dolci martirj!
S'impatrerò che junto seno a seno,
L'anima mia nella tua bocca io spiri;
E venendo tu meco a un tempo meno
In me fuor mandi gli ultimi sospiri.

Il Tasso L. II.

LA RENCONTRE.

J'errais dernièrement sur la lisière d'un bois sacré, que le tortueux Méandre (1) arrose çà et là de ses eaux limpides ; et méditant sur mes amours, je suivais tranquillement les bords d'un riant ruisseau, sous l'ombre agréable de quelques platanes. En marchant, je foulais la verdure d'un pré dont l'herbe fraîche était émaillée de fleurs nouvelles. Partout où ma vue pouvait s'étendre, les Zéphyrs, plus folâtres que de coutume, animaient le feuillage, et, en effleurant la prairie, ils couraient pour donner un langage aux bosquets voisins. Le soleil fort élevé sur l'horison, rendait l'ombre des corps aussi petite qu'elle pouvait l'être. Pan, mollement étendu sur le gazon, goûtait les douceurs d'un tranquille sommeil qu'aucun chevrier n'aurait osé lui troubler par les accents modulés de sa flûte (2). Le lézard altéré se traînait lentement vers la fougère, dont l'ombre ne pouvait que lui plaire. C'était l'été ; Pancharis, devine, je te prie, la bonne rencontre dont me favorisa le hasard ; ah ! toute tentative à cet égard est au-dessus de tes moyens. Ce fut l'Amour qui s'offrit à moi, débarrassé de son arc et de son carquois. Couché à l'ombre d'un jasmin fleuri, il y goûtait les douceurs d'un profond sommeil que lui rendaient plus agréable l'odeur suave des amomes et le murmure d'une eau vive qui sortait d'un rocher voisin. J'approchai aussitôt pas à pas, cherchant à considérer les armes de ce dieu, qu'il avait suspendues à un citronnier voisin ; lorsqu'éveillé par le bruit, aussitôt il se lève, prend son arc, et me regarde d'un air qu'animait la colère : « Ah, enfant débonnaire, m'écriai-je, pardonne-moi, je te prie ; épargne celui qui ne cessa jamais de vous honorer, toi et ta mère : oui, lui dis-je, tout récemment encore, j'ai rempli pour vous ma navette du plus suave encens, et le feu que l'un et l'autre vous avez allumé en mes veines, y brûle dans toute sa vigueur. O! ajoute encore à son ardeur, pour que tes détracteurs apprènent de moi, combien ton joug m'est agréable. Qu'il fut bien mal rempli, avant que je te connusse, ce premier temps de ma vie, consacré aux dissipations du jeune âge ! mais, depuis que, plus sage, je me suis entièrement dévoué à ton culte, et que, détestant mes erreurs passées, je me suis rangé sous tes étendards, je sens une nouvelle force animer mon être ; un pouvoir secret m'excite, et le feu dont je brûle, n'en est que plus violent ». «Fort bien, me répondit-il ; non, tes feux ne languiront point ; mais que mon sceptre et mes autels t'intéressent. Ainsi, pour que ma puissance conserve toujours sa splendeur, chante sous mes auspices les rites de Paphos, et les agréments que procure le culte qu'on suit en cette isle. Des imposteurs s'élèvent contre moi et ma mère, et menacent notre empire de bien grands malheurs, en publiant que les vraies jouissances y sont inconnues. Ils répandent même, par esprit de médisance, qu'on ne voyage pas sans quelque danger dans les domaines qui nous ont été concédés. Leur calomnie est cause qu'à Chypre, nos autels sont sans encens, et que la jeunesse ne vient plus en foule répandre ces libations que jadis elle accourait pour nous faire. Donne une nouvelle ame à tes paroles, pour prouver le contraire de tous ces mensonges; et qu'ainsi ces infracteurs de nos lois, sachent quelles sont les douceurs que goûte sous elles la jeunesse qui, s'en tenant à ses sermens, ne dédaigne point le joug qu'elle pourrait s'être donné de bon gré. Or, sus, prends notre défense; qu'on porte sur nos autels le tribut qui nous est dû, et que personne n'ignore aucun de ces plaisirs qui ne sont que trop long-temps restés cachés au commun des hommes ». Il finissait à peine, que, s'approchant d'une source voisine, il prit de cette eau qui avait désaltéré Philétas, et me la jeta au visage; puis, endossant promptement ses armes, il s'éleva en déployant des ailes sur lesquelles brillaient les diverses couleurs du diamant, et il disparut dans les plaines de l'air, en laissant derrière lui un nuage de pourpre qui indiquait sa route. L'avis de ce bel enfant occupait toutes mes pensées, et je méditais sur le genre de confiance que je pouvais lui accorder, lorque Myricon le lyrique s'avança vers moi : « Oh, Zoroas ! me dit-il, quelles bonnes circonstances t'arrêtent ici? où comptes-tu porter tes pas ? Asseyons-nous près de cette onde claire, pour y prendre le frais, et nous racontant tour à tour nos amours, employons de notre mieux nos loisirs, jusqu'à ce que le soleil soit sur son déclin. On m'a dit dernièrement, qu'Apollon prenait plaisir à te sourire, et nous ignorons encore le genre de ta muse. Tu tiens caché ce qui pourrait peut-être te valoir les honneurs du Pinde. Prends donc courage, et persévère, après avoir si bien commencé. O toi ! qui sans doute mériteras le prix de l'ache verte, dont tu orneras ta chevelure (3), prends cette flûte que je t'offre, et commence quelques modulations sur elle. Qu'Érato juge actuellement des talents de son élève (4); que ta voix résonne à travers les richesses de la campagne ; et pendant qu'elle se fera entendre, laisse les vagues venir battre inutilement le rivage ! Choisis cet air que tu chantais à la ville il y a quelques jours. Courage, ami, je te mettrais bientôt sur le ton, si je me ressouvenais des paroles (5). Favori du Dieu qu'on révère à Claros, sois propice à ma prière ! Je ne resterai point non plus dans le silence, car ils ne peuvent que plaire aux Muses, ces chants qu'on répète tour à tour. Commence donc, pendant que soufflant ainsi vers nous, le vent du Midi nous apporte le tribut d'odeurs que lui ont donné les myrtes voisins ». « Myricon, lui répondis-je, chaque temps amène son genre de plaisir ; ma belle requiert, ma présence, l'Amour m'appèle à elle ; un jour viendra, j'aime à le croire, où, me livrant à mon penchant pour les vers, je lierai mes pensées dans une mesure impaire ; alors, chantant mes feux, je chanterai les faveurs que m'aura values ma constance ; mais alors, mes plaisirs auront trouvé leur terme. Les choses sacrées sont pour les personnes revêtues d'un caractère sacré ; cesse toute demande à cet égard, et finissons ; car tout amant favorisé doit garder le silence sur ses amours. » Rompant aussitôt par cette excuse, je repris par des expressions d'amitié, et l'assurai qu'une autre fois j'aurais plus d'égard à sa demande.

(1) Fleuve de l'Asie mineure, qui, prenant sa source dans la Phrygie, arrose Apamée, Tralles et Magnésie, et coulant entre la Lydie et la Carie, se perd dans la mer entre Milet et Pryenne. Il fut la première divinité à laquelle les Phrygiens portèrent leurs hommages, comme étant cause par ses contours sinueux, de la fertilité dont jouissaient leurs campagnes.

(2) Les anciens bergers de la Grèce ne jouaient jamais de leurs flûtes vers le milieu du jour, crainte de réveiller le dieu des forêts, qu'ils croyaient se reposer alors des fatigues de la chasse du matin. Pan, si l'on en croit les étymologistes, n'était que la nature entière; *Pan*, tout. Et, comme l'observe très-bien le traducteur des lettres d'Alciphron, « Jamais elle ne paraît plus tranquille que dans les jours sereins de l'été, à l'heure de midi, lorsque le soleil semble l'avoir subjuguée par l'ardeur de ses rayons, et réduite à une sorte d'anéantissement qui est marqué par l'état où se trouvent toutes ses productions abattues et flétries par l'action de la chaleur »· S'il survenait vers le soir quelque tempête, ils l'attribuaient toujours au sommeil de ce dieu, interrompu par quelqu'imprudent.

(3) Les botanistes reconnaissent trois espèces d'aches, *apium*, ou la berle qui est l'ache d'eau ; l'ache vulgaire, ou le céleri non cultivé, et l'ache des montagnes, ou la livèche ; nous ignorons laquelle les anciens choisissaient pour en faire des couronnes. La coutume de couronner les vainqueurs aux jeux Néméens, avec cette plante, remonte au temps de Pindare, et peut-être avant. Plus anciennement, on leur adjugeait une couronne d'olivier ; mais, les Grecs ayant été vaincus par les Mèdes, on substitua à l'olivier l'ache, plante funèbre, en souvenir des morts qu'on avait perdus dans cette guerre.

(4) Une maxime reçue chez les Grecs, et qui fait le sujet d'un des Propos de table dans Plutarque, est que l'Amour enseigna la musique et le chant. « L'Amour, comme le vin, y est-il dit, inspire la vivacité, la gaîté et même le transport. Quand on aime, on a recours à un langage figuré et cadencé, pour relever son discours, comme le statuaire emploie l'or pour embellir une statue. Parle-t-on de l'objet aimé, c'est pour en publier la perfection et la beauté par des chansons, dont l'effet est toujours plus vif et plus durable que dans le langage non modulé ; lui en-

voie-t-on un présent, on en augmente le prix en le faisant accompagner par quelques morceaux galants qui se chantent. » Théophraste observe que trois choses invitent à chanter : la peine, la joie et l'enthousiasme ; « or, continue Plutarque, on ne doute point qu'en amour on n'éprouve souvent ces trois genres d'affections ; il faut donc, conclud notre philosophe, que cette passion, réunissant les trois sources du chant, soit la plus propre de toutes à faire naître les chansons. » Athénée nous a conservé trois sortes de chansons, connues autrefois dans la Grèce, sous les noms de Nomion, de Calycé et d'Harpalycé. Voyez à ce sujet le neuvième volume des Mémoires de l'académie des Inscriptions et Belles-Lettres.

(4) *Numeros memini si verba tenerem*, est-il dit dans l'original. On voit par cette expression empruntée de Virgile, que le chant, chez les anciens, était peu varié et dépendait entièrement des paroles. Le rithme, chez les Grecs, répondait au mot *numerus* chez les Latins ; et à cet égard, Quintilien établit un rapport entre ses propriétés et les diverses démarches des hommes. Il prétend que celle qui répond au spon-

dée, marque la modération et la fermeté de l'ame ; que celle qui va par trochées ou par péons, marque de la vivacité et du feu ; que celle dont le nombre suit la pyrrhique, annonce quelque chose de bas et d'ignoble. « Le chant, dit Laborde, n'est que l'assemblage de plusieurs sons harmonieux qui se succèdent les uns aux autres, suivant certaines règles, et qui forment des modulations plus ou moins agréables. L'observation scrupuleuse des règles rend ces modulations régulières ; mais ce qui fait qu'elles plaisent, n'est dû qu'au génie qui, plus il connaît les préceptes, plus il a le droit de les violer, étant toujours sûr de se faire pardonner ses licences par les beautés qui en résultent. Ce sont les élans qu'il produit alors qui ont un si grand effet sur tout homme, qu'ils remontent, pour ainsi dire, les ressorts de sa vie, et tellement, à s'en rapporter à Métastase, que :

  Se la cetra non erà
D'Amphione e d'Orfeo, gl' uomini ingrati
  Vita trarian periculosa e dura
Senza dei, senza leggi e senza mura.

FIN DU DEUXIÈME VOLUME.

TABLE

DES
TITRES DU SECOND VOLUME.

	pag.
Le Mariage.	1
Le Songe.	28
Le Trine.	36
La Campagne.	40
La Cueillette.	49
Le Prélude.	63
Le Colin-Maillard.	70
L'Inscription.	81
Le Stigmate.	85
Les Etrennes.	91
La Priapée.	99
L'Episode.	107
La Solemnité.	115
La Récompense.	122
L'Obstacle.	126
La Toilette.	129
La Veillée.	136
Le Lendemain.	148

Le Vivat.	152
La Nuit.	158
L'Attente.	169
Le Délire.	183
La Jalousie.	189
Les Serments.	195
La Comparaison.	200
La Précaution.	208
Les Imprécations.	212
L'Emigration.	216
Le Remède.	224
Les Sotéries.	229
Le Fantôme.	235
La Prophétie.	240
L'Exorcisme.	248
La Convalescence	253
Les Vigiles.	261
La Fête.	277
Les Paralipomènes.	311
Le Bonheur.	329
La Rencontre.	339

FIN.

www.ingramcontent.com/pod-product-compliance
Lightning Source LLC
Chambersburg PA
CBHW070901170426
43202CB00012B/2143